Scholten Verlag GmbH, Postfach 10 37 43, 70032 Stuttgart.
Vertrieb für den Buchhandel: Müller Rüschlikon Verlags AG,
Gewerbestraße 10, CH-6330 Cham.
ISBN 3-275-01352-1

1. Auflage 2000

Layout: Anita Ament

Titelfoto: Sabine Stuewer

Gesamtherstellung: Franz Spiegel Buch GmbH, 89026 Ulm
Printed in Germany

Margot Berger

Hände weg von Gamasche

Inhalt

Seite

Die wichtigsten Typen in diesem Buch:

Karo Spielberg, 13 Jahre – das bin ich. Eigentlich heiße ich Karolin, aber unser Reitlehrer sagt, mehr als zwei Silben spricht er nicht aus. Das würde zuviel Zeit kosten. Also Ka – ro. Meine Mutter ist sehr nachsichtig, was meinen „Reit-Tick“ angeht. Mein Vater hat Angst vor Pferden. Aber das gibt er nicht zu, weil es nicht männlich wäre. Leider ist er ein bißchen frauenfeindlich.

Dr. Schlumberger (52), reitender Schulrat, hat ungefähr die Figur (und den Charme) eines Mehlsacks. Außerdem ist er Hobbyjäger. Das sagt ja wohl alles! Unsympathisch bis an die Schmerzgrenze.

Jenny Niewald (14) reitet galaktisch gut, viel besser als ich. Dafür müßte ich sie eigentlich hassen. Tue ich aber nicht, weil sie meine beste Freundin ist.

Jochen Förster (16) ist ein unheimlich gutaussehender Junge aus meiner Reitschule. Total süß, witzig, gleichzeitig lieb und romantisch und überhaupt – jedes Mädchen im Stall schwärmt für ihn. Ich natürlich auch.

Gamasche ist mein absolutes Lieblingspferd, eine Fuchsstute, Hannoveraner-Mix. Sie hat vier weiße Fesseln, die wie Gamaschen aussehen – daher der Name. Blöderweise ist Schlumberger hinter ihr her.

1. Dr. Schlumberger wird aufsässig

Mit einem schnellen Blick über die Schulter vergewisserte ich mich, daß mich keiner sehen konnte.
Hastig schob ich mein Fahrrad am weißgetünchten Stallgebäude vorbei und balancierte ein Stück über den zugewucherten Pfad, der die Reithalle von den Weiden trennte.
Nein, zu verbergen hatte ich eigentlich nichts.
Aber ich kannte Herrn Renneisen, unseren Reitlehrer. Sobald er mein Rad morgens sichtete, verdonnerte er mich zu Sklavendiensten für Dr. Schlumberger.
„Kaaaro", drang in diesem Moment Herrn Renneisens Stimme durch die gekippten Fenster nach draußen, „Kaaaro – steckst du hier schon irgendwo?"
Regungslos verharrte ich neben meinem Fahrrad, bis die Renneisen-Schritte sich entfernten.
Keiner konnte mir nachsagen, daß ich ungefällig wäre. Aber dieser Schulrat Schlumberger war wirklich unsympathisch bis an die Schmerzgrenze.
Zu niederen Stallarbeiten sehe er sich nicht in der Lage, hatte er mal gesagt. Typisch Herrenreiter! Nur versehentlich ein Jahrhundert zu spät geboren.
Ich lehnte mein Rad an die Reithalle, schnappte mir meinen Beutel mit Putzzeug aus dem Fahrradkorb und stiefelte durch das taunasse Gras zum Hintereingang.
Verschlossen.
Also doch nach vorne. Unwillig schulterte ich meine Tasche und trabte an der Böschung entlang. Grün und idyllisch sah es hier aus. Keine Spur von Großstadt. Dabei war Lübeck gar nicht weit entfernt.
Ich rannte einmal um Renneisens gesamte Reitschul-Anlage herum und japste entsprechend nach Luft. Mir taten die Rippen weh. Ich preßte meine Hände darauf. Na klasse. Seitensti-

che hatte ich auch noch bekommen. Alles wegen dieses blöden Schulrats.
Aber vielleicht hatte ich Glück, und Dr. Schlumberger war verreist? Schließlich waren Sommerferien. War es überhaupt erlaubt, daß Schulräte sich dann in der Nähe von Schülern aufhielten? Bestimmt war er verreist. Der Gedanke daran munterte mich wieder auf, und pfeifend umkurvte ich das Beet mit den Heckenrosen am Parkplatz.
Der grüne Audi von Dr. Schlumberger grinste mich hämisch an.
Der Morgen war gelaufen.
Der schreckliche Schulrat geisterte also schon zu früher Stunde durch die Stallgasse und versprühte sein Wissen. Was noch schimmer war: Er würde unsere Gamasche reiten, und ich konnte dann nicht mit ihr für den Reiterpaß üben. Ärger stieg in mir hoch.
„Ausgerechnet Gamasche“, sagte ich laut.
Mein Lieblingspferd! Klar, daß ich Gamasche eines Tages kaufen würde. Und wehe, der dicke Schulrat faßte sie dann noch einmal an!
„Weg da, Schlumberger“, würde ich ihn anfauchen. „Nehmen Sie gefälligst Ihre Verbrecherhände von meinem Privatpferd.“
Jeden Tag zählte ich mein Erspartes, um den Zeitpunkt nicht zu verpassen, an dem ich den Kaufpreis zusammen hatte. 8000 Mark würde Gamasche kosten, das hatte ich aus Herrn Renneisen herausgequetscht.
Ehrlich gesagt, rechnete ich mir wenig Chancen aus, das Geld vor meinem Rentenalter zusammen zu bekommen. Gestern zum Beispiel betrugen meine Ersparnisse erst ganze 341 Mark und 22 Pfennige. Ich müßte schon eine Bank überfallen.
Also der Schulrat.
Tatsächlich, unsere Stallgasse mit den zehn Boxen zu beiden Seiten war nicht so leer, wie ich gehofft hatte. Mein morgendliches Lieblingsbild, bei dem unsere 20 Schulpferde ihr Heu zermalmen, wurde brutal durch den Anblick von fast zwei

Zentnern Schlumberger gestört. Die 95 Kilo Lebendgewicht füllten den Platz vor Gamasches Box fast völlig aus.
Mit einem undeutlich gemurmelten „Darf ich mal eben?" schob ich mich an ihm vorbei.
„Gu-ten Mor-gen, ju-nger Mann", sagte er betont deutlich.
Natürlich grüßte er mich nicht aus Freundlichkeit. Er hielt das für nebenschulische Erziehung.
Ich nickte ihm zu und zog hinter seinem Rücken eine Grimasse. War es so schwer zu begreifen, daß ich ein Mädchen bin? Auch wenn ich hellbraune Stoppelhaare hatte, von denen Papa sagte, sie sähen so aus wie die Stehmähne eines Dülmener Wildpferdes.
Mein Jutebeutel flog mit gekonntem Schwung auf die schmale Bank neben der Sattelkammer. Mit einem Blick erfaßte ich, daß ich heute die erste von uns Jugendlichen war. Besser, ich verkrümelte mich zu Scheich in die Box – bevor Rüdiger Renneisen auftauchte und mich als Sattel-Sklaven zu Dr. Schlumberger schickte.
Ich hockte mich ins Stroh, um unsichtbar zu bleiben. Während sich Scheich, unser schwarzer Araber, über meine Bio-Möhren hermachte – wie immer ohne ein Zeichen der Dankbarkeit – erbarmte sich Herr Renneisen des Schulrats.
Der Chef hatte Gamasche in der Stallgasse festgebunden und ihren Sattel auf den Bock vor der Boxentür gewuchtet. Dann erspähte er mich neben Scheichs Trog. Der Chef sah ungewöhnlich gut gelaunt aus. Das bedeutete, daß er mir gleich eine Portion Theorie verpassen würde.
„Komm mal her, Karo!" Mit einer Kopfbewegung winkte er mich zu sich hinüber. „Ich zeige dir mal für die Reiterpaß-Prüfung, wie man bei einem Pferd den Herzschlag fühlt."
Der Zuruf von Rüdiger Renneisen hörte sich richtig einladend an. Als bekäme ich von ihm eine Riesenpizza und keine Lehrstunde. Er brauchte das ab und zu für sein Seelenleben, um zufrieden feststellen zu können, wie wenig wir von Pferden wußten.

Seufzend schlurfte ich zu meiner schönen Lieblingsstute hinüber.
„Hier", sagte Herr Renneisen aufgeräumt und legte seine Hand hinter Gamasches linkes Vorderbein. „Hier fühlst du den Herzschlag besonders gut."
Leicht vorgebeugt guckte ich mir das Vorderbein an.
„Tatsächlich?" Ich tat äußerst erstaunt. „Dort sitzt also das Herz?"
Gamasche senkte ihren Kopf und sah mich aus ihren klugen Augen an. Diesen Blick kannte ich nur zu gut. Er hieß: *Tu doch nicht so überrascht vor dem Chef! Das weißt du doch alles längst!* Gamasche hatte recht.
Die Wahrheit war, ich hatte mehr Pferdebücher gelesen, als Renneisen je Hufe ausgekratzt hatte. Tatsache ist, daß man den Puls viel deutlicher am Fesselkopf, am Röhrbein oder am Unterkiefer fühlen kann. Und nicht auf so eine verwässerte Herzschlag-Fassung zurückgreifen muß. Aber konnte man das einem Reitlehrer sagen, ohne sein Ansehen zu schädigen? Die Antwort war – nein.
Zufrieden, daß er mein dürftiges Reitschüler-Wissen etwas verbessert hatte, entließ mich Herr Renneisen wieder zu unserem Scheich.
Aus den Augenwinkeln bekam ich mit, wie Dr. Schlumberger sich aufs Pferd wälzte und mit meiner Gamasche abzog. Wieder mit Sporen, die er ihr in die Seiten knallte, wenn Herr Renneisen nicht hinguckte. Mir drehte sich der Magen um.
„Arme Gamasche", flüsterte ich. „Wirf ihn einfach ab."
Gamasche warf mir einen vorwurfsvollen Blick zu: *Wie kannst du es zulassen, daß der Typ sich an mir vergreift?*
Sie tat mir extrem leid. Aber schließlich hatte Schlumberger eine Reitstunde auf ihr gebucht. Da war ich machtlos.
Kaum war Dr. Schlumberger aus meinem Sichtfeld verschwunden, stieg meine Stimmung bombig an. Schließlich hatten vorgestern die Sommerferien begonnen. Sechs lange Wochen lagen vor mir, die ich überwiegend im Stall zu verbringen

gedachte. Mit den anderen Jugendlichen.
Ich holte mir eine Schubkarre und bugsierte sie vor Scheichis Box, um auszumisten.
Der schwarze Araber drehte sich keinen Zentimeter nach mir um. Typisch! Dabei war er neben Gamasche mein Lieblingspferd, das wußte er genau. Aber Leute, die ihn nett fanden und die er auch mochte, behandelte der Araber wie Luft. Grundsätzlich.
Jochen behauptete, Scheich hätte eine Neurose. Eine *schwere* Neurose, und er gehöre dringend zu einem Psychologen auf die Couch.
Nur ein einziger durfte so etwas über Scheich sagen, und das war Jochen. Mein Schwarm. Er sah unheimlich gut aus und hatte irre romantische Augen. Leider war Jochen verrückt nach Scheich statt nach mir, was ich besser gefunden hätte. Jochen war 16 und total süß. Dummerweise fiel das auch den anderen Mädchen im Stall auf. Wahrscheinlich würde ich Jochen erst als Rentnerin erobern. Genau wie meine Gamasche.
Ach Jochen ...
Ich stützte mich auf den Mistgabelstiel und starrte in Scheichs Box. Sonne fiel herein und ließ die Metall-Schubkarre glänzen. Wenn ich die Augen zu schmalen Schlitzen zusammenkniff, sah die Karre aus wie ein römischer Streitwagen.
Die Mistkarre verwandelt sich immer deutlicher in einen Kampfwagen aus purem Gold, geschmückt mit Girlanden.
Jochen und ich stehen darin, als Brautpaar, auf dem Weg zu unserer Traumhochzeit. Mein weißes Kleid wirkt total gut als Kontrast zu Scheichis schwarzem Fell und zu Jochens schwarzen Haaren.
Meine Stehmähne hat sich in blonde Locken verwandelt, auf denen ein irrsinnig langer Schleier steckt, der lässig hinter mir herweht. Jochen trägt einen weißen Seiden-Frack und sieht noch süßer aus als sonst.
Rechts und links stehen alle Schulpferde für uns Spalier. Vor-

neweg läuft Krümel, der schwarz-weiße Jack-Russell-Terrier unseres Stallmeisters Almi. An Krümels Flohhalsband baumeln unsere goldenen Ringe. Almi führt Scheich und murmelt ständig: „Satanziege, daß ich das noch erleben darf."
Der Wagen erscheint mir jetzt ganz schön wackelig. Es rüttelt mich richtig durch, und schüttelt und schüttelt ...
„Darf man fragen, ob du mit deiner Mistforke Wurzeln schlagen willst?"
Wumm, landete ich aus meinem Araberhimmel wieder unsanft auf der Stallgasse. Astrid schüttelte mich heftig an den Hüften. Verwirrt drehte ich mich um und guckte direkt auf ihre blonden Locken. Exakt solche Engelshaare, wie ich sie gern hätte. Dafür müßte ich Astrid eigentlich hassen. Aber weil sie so witzig war, mochte ich sie trotz ihres Blondhaars.
Die anderen waren jetzt auch da. Hatte ich gar nicht gemerkt bei meiner Hochzeitsfahrt mit Jochen.
„Klein-Karo war wohl gerade auf Wolke Sieben, was?"
Lachend tippte Paul mir auf die Stirn. Paul, ein 15jähriger Reiter, der sich absolut nicht für Mädchen interessierte, aber der uns gerne aufzog. Er grinste. „Möglicherweise mit einem gewissen J???"
Zu dumm. Ich merkte, daß ich rot wurde.
Da war Jenny neben mir. Meine beste Freundin, mit ihren 14 Jahren ein bißchen älter als ich. Gottseidank hatte sie keine blonden Locken, sondern glattes, braunes Haar. „Nicht aufregen, Karo", sagte Jenny. „Jochen hat ja nichts mitbekommen."
Dankbar gab ich ihr einen Stoß in die Rippen.
Jenny war wirklich feinfühlig. Noch mehr seit der Scheidung ihrer Eltern. Seitdem waren wir im Stall ihr größter Halt, glaube ich. Jenny lebte mal bei ihrem Vater, mal bei ihrer Mutter. Eigentlich konnte keiner von beiden sie gebrauchen. Ihr Vater hatte genug mit seiner Apotheke zu tun. Und ihre Mutter meinte, sie habe wegen Kinderaufzucht ihre Rolle als Frau zu lange vernachlässigt. Dauernd rannte sie zu Selbsterfahrungs-Kursen. Sie ließ sich von Jenny jetzt Melanie nen-

nen. „Mama“ mache sie zu alt, fand sie.
„Am liebsten würde sie mich wohl im Tierheim abgeben“, hatte Jenny einmal bitter gesagt. „Mit meiner Matratze und einem Umzugskarton voller Pizza. Für die ersten drei Tage, bis mich einer aufnimmt.“
Nach der Scheidung hatten sich meine Eltern toll verhalten – ich durfte mit Jenny auf einen Ponyhof! Das hatte uns zusammengeschweißt. Auch, daß Jenny vom Gymnasium abgehen mußte, konnte uns nicht trennen. Jenny sagte, ihr genüge Realschule, danach wollte sie am liebsten Pferdewirt werden. Aber das wird ihr Vater garantiert nicht erlauben, wo er doch Akademiker ist. Jenny soll auch studieren, wie er. So ein Quatsch, wo sie so gut reiten konnte.
Aber dieser Mittwoch war kein Tag, um sich über verkorkste Eltern aufzuregen. Heute war ein Tag, um die Weichen für die Ferien und das Reiterfest am Ende des Sommers zu stellen. Für den Reiterpaß, unsere erste A-Dressur und das Theaterstück, das die Frauen von der Kochlöffel-Abteilung für uns schreiben wollten.
Das waren im Moment unsere drei Probleme. Halt – und natürlich, wie wir die Zeit des Ferienkurs ohne Nervenzusammenbruch überstehen könnten. Der begann morgen. Wir hatten also vier Probleme.
Im Moment warteten wir auf Jochen, damit wir endlich mit den Pferden auf den Dressurplatz heruntergehen konnten.
Mit seinen bekannten Riesenschritten durchmaß Herr Renneisen die Stallgasse.
„Na, plaudert ihr schön?“ erkundigte er sich harmlos im Vorbeirennen.
Seine scheinbar achtlos hingeworfene Bemerkung konnte uns nicht täuschen. Die Botschaft hieß: „Ihr plappert euch hier den Mund fusselig, und in den Boxen verkommen die Pferde.“
Astrid zog die Nase kraus und ließ ihren Blick durch den Stall schweifen. „Die Tränken müßten geputzt werden“, stellte sie wenig begeistert fest.

„Gut beobachtet.“ Jenny drückte Astrid und Paul Schwämme in die Hand. Astrid kicherte über Jennys schnelle Reaktion. Ihr blonder Lockenkopf verschwand in der Box von Feuerstein, unserem Herdenboß.
Paul übernahm die Tränke von Sir Toby, dem Braunen.
Jenny ging zur schönen Helena. Nicht, weil die es besonders nötig hatte, sondern weil sie so gern mit der weißen Stute schmuste. Helena war das, was man eine „militante“ Schmuserin nennen konnte. Sie ertrotzte sich ihre Streicheleinheiten notfalls. Aber immer mit Charme.
Ich griff wieder zur Mistforke und kehrte in die Box von Scheich zurück. Anmut – das war für ihn ein Fremdwort. Unser Araber haßte Nettigkeiten in jeder Form. Er war genau das Gegenteil von Helena. Aber irgendwie besaß er einen spröden Charme und brachte einen zum Lachen.
Insgeheim träumte ich beim Ausmisten meinen Hochzeitstraum weiter. Das heißt, ich versuchte es. Aber schon nach einer Minute fegte mein Traumstar gar nicht feierlich um die Ecke und stürzte aufgeregt auf uns zu.
Mit einem tiefen Seufzer ließ sich Jochen in meine Schubkarre fallen, ohne auf den Inhalt zu achten. Da hockte er wie ein Bild des Jammers.
„Dr. Schlumberger will Gamasche kaufen“, verkündete er ohne Umschweife. In seiner Stimme schwang Panik mit.
„Nein!!!“
Unser entsetzter Ausruf kam wie aus einer Kehle.
„Doch!“
Jochen fuhr sich wütend mit der Hand durch sein kurzes, schwarzes Haar. „Ich habe selbst gehört, wie er gerade mit Herrn Renneisen verhandelte.“
Entgeistert guckten wir auf Jochen in seiner Karre herunter. Jetzt hatten wir fünf Probleme.
„Wir müssen auf der Stelle etwas unternehmen“, sagte ich, nachdem ich die Horror-Nachricht begriffen hatte. „Und zwar, bevor er mit seiner Reitstunde fertig ist. Er muß gleich mer-

ken, daß er mit Gamasche nicht viel Freude haben wird."
Das klang ziemlich cool. Dabei schwirrte mir der Kopf. Einen Moment herrschte Ruhe. Astrid kaute an einer Locke, Paul biß wütend in seinen Forkenstiel, Jochen starrte auf Scheichs Pferdeäpfel vor sich in der Karre, Jenny knabberte auf den Handknöcheln und ich – „Ich hab's!"
Ich drängte mich an der Schubkarre vorbei und war schon halb aus der Tür.
„Bin sofort zurück", rief ich über die Schulter. Im Nu saß ich auf Jennys Rad – meins stand ja gut versteckt hinter der Halle – und war in zwei Minuten zu Hause. Rekord! Wie gut, daß wir so nahe am Stall wohnten, nur zwei Straßen weiter, am Moorredder.
Keuchend sprang ich vom Rad, trat gegen die Gartenpforte, damit sie schneller aufging, warf das Rad in den Vorgarten und läutete Sturm.
Wo blieb meine Mutter nur? Ich steckte voller Tatendrang. Ungeduldig hüpfte ich von einem Bein auf das andere. Hoffentlich war sie nicht nach Lübeck gefahren.
Mama öffnete erschrocken die Haustür.
„Hast du dich verletzt, Kind?" war ihre erste Sorge.
„Alles in Ordnung", beruhigte ich sie und schob sie mit sanfter Gewalt aus dem Weg.
Ich nahm gleich zwei Stufen auf einmal auf der schmalen Holztreppe zu meinem Zimmer.
Gut, daß ich meinen Schulrucksack noch nicht weggepackt hatte. Schnell die Klappe auf und buddeln. Wider Erwarten ertastete ich gleich den Zeichenblock. Auch einen dicken, roten Filzstift beförderte ich ans Tageslicht, den ich in die Tasche meiner Reithose stopfte. Mit dem Block unterm Arm ging es im Sturmschritt wieder die Treppe nach unten, vorbei an meiner fassungslos blickenden Mutter.
„Erklärung kommt später", rief ich beim Abfahren. „Ein echter Notfall."
In zwei Minuten war ich wieder im Stall. Ich winkte den ande-

ren, mir in das Reiterstübchen zu folgen. In dem kleinen Raum mit den Bänken rings um einen massiven Holztisch traf sich die Kochlöffel-Abteilung donnerstags zum Frühstück. Aber heute war Mittwoch. Wir waren ungestört.
Gespannt guckten mich die vier an. Meine Ideen fanden sie meistens gut. Obwohl ich die jüngste von uns war.
Ich rutschte auf eine Bank und riß die rückseitige Pappe von meinem Skizzenblock ab, die ich als Schild verwenden wollte.
„Man muß ihm zumindest Angst machen", erklärte ich meinen Plan, „so wie es bei Pferden untereinander üblich ist."
Ich schraubte die Kappe des neonroten Filzschreibers ab.
„Zuerst Ohren anlegen ... als zweite Warnung nach dem Gegner schnappen."
Sauber und deutlich malte ich meinen Text in großen Buchstaben auf die Pappe. „Und zuletzt mit gefletschten Zähnen auf ihn losgehen."
Dieses hier war die erste kleine Drohung.
Ich hielt die „angelegten Ohren" hoch. „Das Schild hängen wir an Gamasches Sattelbock."
Herr Dr. Schlumberger!
Hände weg von Gamasche!
Oder es gibt ein Unglück!
Meine Fans sahen mir über die Schultern und meinten, wir sollten „Herr" weglassen und „Dr." auch. Das höre sich so nach Anschleimen an. Schließlich wollten wir uns ja nicht um eine Lehrerstelle bewerben.
Also schrieb ich alles noch einmal.
Ich sah mich im Reiterstübchen um, ob irgendwo ein Stück Pappe zu entdecken war. Unglücklicherweise kam nur der teure Friesenkalender von Herrn Renneisen in Frage. Ich nahm ihn von der Wand und trennte die Rückseite ab, weil ich sonst keine Ersatzpappe fand.
Da „Herr" und „Dr." vorne wegfielen, hatte ich hinter Schlumberger noch etwas Platz und machte drei vielsagende Ausrufungszeichen hinter dem Namen. Als wir uns das Schild

jetzt ansahen, waren wir alle sehr zufrieden.
Schlumberger!!!
Hände weg von Gamasche!
Oder es gibt ein Unglück!
„Ich wette, mein Vater könnte nicht darüber lachen", sagte ich. Aber ich hatte jetzt keine Zeit, darüber nachzudenken.
Natürlich gab es ein Riesentheater, als Dr. Schlumberger das Warnschild kurze Zeit später entdeckte. Wie Rumpelstilzchen hüpfte er mit feuerrotem Gesicht in der Sattelkammer herum.
„Das ist Nötigung", schrie er wütend. „Darauf stehen Geldstrafen. Hohe Geldstrafen!"
Astrid stieß mich grinsend an. „Gamasche findet sicher auch, daß es Nötigung ist, wenn er sie reitet."
Betont lässig fingen wir an, die Pferde für die Stunde auf dem Dressurplatz zu putzen. Unschuldig fragte ich Herrn Renneisen, ob ich Gamasche gleich von Dr. Schlumberger übernehmen solle, oder ob er sie schon abgesattelt habe.
Der Chef schwieg und heftete seinen Blick auf meine rechte Hand. Ich folgte seinen Augen.
Ein neonroter Filzschreiber-Fleck prangte auf meinem Zeigefinger.
„O je, ich blute ja", rief ich reaktionsschnell. Zugegeben, es klang ziemlich unglaubwürdig. „Wo kann das bloß passiert sein?"
Herr Renneisen öffnete die Tür des Erste-Hilfe-Schranks und fischte ein Heftpflaster heraus.
„Wo? Ich hätte da eine Idee", brummte er finster und pappte mir das Pflaster über den Filzschreiber-Fleck. „Habt ihr alle so helles Blut in der Familie, Karolin Spielberg?"
Herr Renneisen war im Grunde ganz okay. Soweit ein Reitlehrer eben in Ordnung sein kann. Er hatte die ganze Sache dem Schulrat gegenüber heruntergespielt. „Kinderkram, Herr Dr. Schlumberger. Nehmen Sie es nicht persönlich. Sie waren doch auch mal jung."
Ja, aber vor dem ersten Weltkrieg ...

Natürlich konnten wir nicht zufrieden sein, daß unsere Drohgebärde so leicht genommen wurde. Wir mußten weiter am Ball bleiben. Unsere kluge, emanzipierte Gamasche durfte auf keinen Fall in die Klauen dieses Chauvis geraten. Es war wohl nötig, unseren Grips richtig anzustrengen.
Da ich auf meinem Weg nach Hause nicht so rasen mußte wie heute morgen, brauchte ich die üblichen dreieinhalb Minuten. Diesmal mußte ich die Gartenpforte nicht aus Zeitmangel mit einem Fußtritt öffnen.
Das war gut so. Denn Papa stand hinten im Garten und erfreute sich an seinem kurzgeschnittenen Rasen. Man konnte die Uhr danach stellen, wie pünktlich mein Vater von seinem Job beim Flughafen nach Hause kam!
Ich schob mein Rad den Plattenweg entlang hinter unser Holzhaus. Im Vorbeigehen steckte ich meine Nase in die Geranien und Margeriten, die üppig in den Blumenkästen wucherten. Die dufteten so gut nach Sommer.
„Bist du mittwochs nicht bei deiner Klarinettenstunde, Karolin?" rief Papa mir über die Rosenbeete zu.
Schuldbewußt senkte ich den Blick.
Der Musikunterricht! Damit hatte ich vor vier Wochen aufgehört. Mit Mamas Einverständnis. Lange genug hatte ich mich mit der blöden Klarinette herumgequält. Papa zuliebe. Er hätte es früher gern gelernt, durfte es aber nicht. Ich sollte das jetzt wettmachen. Ausgerechnet ich! Wo ich noch nicht mal eine Blockflöte richtig herum halten konnte.
„Ferien", zog ich mich vage aus der Affäre und verschwand im Haus.
„Du hast sicher einen Bärenhunger."
Mama schob mir einen Teller mit dick belegten Broten hin.
Ich grunzte zufrieden und stopfte mir die Backentaschen voll. Prima, daß ich riesige Portionen vertilgen konnte ohne zuzunehmen. Wie Mama.
War ich froh, daß sie nicht auf dem Selbstverwirklichungs-Trip war wie Jennys Mutter. Und daß abends nie ein Zettel im

Kühlschrank lag: „Hier ist alles für dich, Liebes. Bin beim Bachblüten-Seminar. Gruß Melanie."
Nein, Mama war immer für mich da und sehr nachsichtig. Unermüdlich verteidigte sie meinen Pferde-Tick, wenn Papa meinte, ich müßte mal etwas anderes machen als nur Stall, Stall und nochmals Stall.
„Laß das Kind doch", meinte Mama dann. „Besser, sie geht zu ihren Pferden, als daß sie am Bahnhof herumlungert und Leute anpöbelt."
Irrsinnig nett, wie Mama sich für mich in die Bresche warf. Aber ihre Bemerkung hörte sich an, als ob Reiten das geringfügig kleinere von zwei Übeln wäre. So wie „Besser Fleck-Typhus als Beulenpest."
Aber Hauptsache, sie konnte Papa beruhigen.
Der Streß mit Schlumberger hatte mich total fertig gemacht. Ich war hundemüde, ging bald in mein Dachzimmer und schlief sofort ein. Ich kam nicht mal zum Geldzählen.
Die ganze Nacht verfolgte mich der neonrote Filzstift im Traum. Überall im Stall breiteten sich die hellroten Flecken aus – auf jedem Sattel, auf den Trensen, den Pferdeohren, den Strohballen. Sogar auf den Haferkörnern. Herr Renneisen flitzte mit einem Sack voller Hansaplast durch die Stallgasse und überklebte hektisch jeden Punkt mit einem Heftpflaster. Dazwischen hüpfte Dr. Schlumberger herum und krakeelte: „Geldstrafe, Geldstrafe."

2. Der ganze normale Wahnsinn

Ich war heilfroh, als ich morgens aufwachte.
Aber nur im ersten Moment. Im zweiten fiel mir der Ferienkurs ein, der heute begann. Stöhnend ließ ich mich zurück aufs Bett fallen. Zwei Wochen mit Anfängern – für uns Fortgeschrittene eine unzumutbare Nervenbelastung.
„So zu denken ist unfair und egoistisch." Das hatte uns Herr Renneisen hundertmal unter die Nase gerieben. „Schließlich habt ihr auch mal angefangen. Wißt ihr nicht mehr, wie froh ihr gewesen seid, wenn euch die alten Hasen beim Satteln, Trensen und Aufsteigen geholfen haben?"
Ja, ja ...
Schließlich schlüpfte ich aus den Federn, öffnete mein kleines Sprossenfenster und begutachtete erstmal die Lage draußen.
Das Wetter war prächtig. Die Sonne war schon fast über unsere hohe Weißdornhecke gestiegen. Und das um kurz vor sieben. In Papas gepflegtem Vorgarten vergnügten sich zwei Drosseljunge unter unseren Apfelbäumen. Hoffentlich zertrampelten sie Papas englischen Rasen nicht.
Meine Entscheidung, ob ich schwimmen oder in den Stall gehen sollte, wurde mir abgenommen. Jochen kam die Straße herauf! Er winkte mich zu sich nach unten.
Jochen holte mich ab! Konnte der Tag schöner anfangen? Ich verdrängte die Tatsache, daß Jochens Stallweg sowieso durch unsere Straße führte. Er wartete unten auf mich. Das war alles, was zählte. Zwar ohne weißen Seidenfrack und ohne Hochzeits-Kampfwagen – aber immerhin.
Nichts wie hinein in die Reithose.
Leise trällernd zupfte ich mein schönstes T-Shirt aus dem Wäschestapel, streifte es über und polterte die Treppe hinunter. Meine Gummistiefel standen einstiegsbereit vor der Haustür. Dort verbrachten sie ihr ganzes Stiefelleben. Angeblich

rochen sie penetrant nach Stall, weshalb meine Eltern sie nicht in ihrem ordentlichen Haus duldeten.
„Was ist, Karo“, rief Mama mir nach, „kein Frühstück?“
Weil Jochen mich hören konnte, flötete ich mit Engelsstimme: „Die Kochlöffel sind da, dann gibt es was im Stall.“
Jochen meinte statt einer Begrüßung, wir müßten die Sache mit Dr. Schlumberger heute vertiefen, bevor der Verkauf von Gamasche konkret würde. Ich schwang mich, zustimmend nickend, aufs Rad.
Schlumbergers grüner Audi stand schon wieder arrogant auf dem Parkplatz, als wir auf den Hof einbogen. Daneben Dutzende anderer Wagen. So voll war es sonst nur am Reiterfest. Alles Mütter von Ferienkurs-Kindern.
Seltsamerweise gibt es offensichtlich nur drei Gruppen von Reitereltern.
Gruppe 1 liefert die Kinder so gleichgültig im Stall ab, wie man einen Sack Wäsche bei der Reinigung abgibt.
Gruppe 2 erstickt die Kinder. Gruppe 2 a mit Liebe, Gruppe 2 b mit Ehrgeiz.
Gruppe 3, die ihre Kinder aus Spaß reiten läßt, ist so selten, daß sie demnächst auf die *Rote Liste gefährdeter Arten* kommen soll.
Miriam-Vanessa Schlumberger hatte das Pech, mit einem Vater der Gruppe 2 b geschlagen zu sein. Der Schulrat hatte seine zehnjährige Tochter gegen ihren Willen zum Ferienkurs geschleift.
„Er will ihr Gamasche schenken, weil die Töchter seiner Sonntagsjäger-Freunde auch Pferde haben.“
Das war die erste Neuigkeit, die Astrid uns steckte, als Jochen und ich uns durch das Dickicht kleiner Kinder zur ihr durchgekämpft hatten.
Miriam-Vanessa sah wirklich nicht wie jemand aus, den es in einen Pferdestall zieht.
Mit ihrer Marken-Reittasche, in der sicher nagelneue Reitsachen steckten, lief sie mindestens so irritiert herum wie eine

Barbiepuppe, die sich auf einen Misthaufen verirrt hat.
Ihre langen Goldhaare waren mit Glanzspray behandelt und mit einer Spange albern zur Seite gerafft. Wie bei der echten Barbie. Dazu ein Kleid, das jeder Oma Entzückensschreie entlockt hätte. Und lächerliche Schleifenschuhe. So stolzierte Miriam-Vanessa zwischen den Boxen auf und ab. Unsere Pferde sahen ihr verwundert nach.
Es war so peinlich.
„Sie will Fotomodell werden", gab Astrid noch zum besten. „Dafür nimmt sie Ballettunterricht."
Jochen rümpfte die Nase. „Und diese Prinzessin soll auf Gamasche reiten?"
Unsere Hoffnung stieg schlagartig, daß aus dem Handel doch nichts werden würde.
Nachdem die Mütter der Gruppe 1 den Stall geräumt und die der Gruppe 2 a und 2 b sich auf die Tribüne gesetzt hatten, drangen wir endlich zum Striegeln zu den Pferden vor.
Die Pferde waren schon eingeteilt, und es kehrte etwas Ruhe ein, als plötzlich ein Hurrikan über uns hinwegfegte. Ein dicker, etwa zehnjähriger Junge rollte lärmend durch die Stallgasse.
„Ich will den großen Schwarzen", schrie die Kreuzung zwischen Karlsson vom Dach und dem dicken, fetten Pfannekuchen. Er zeigte auf Mammut, unseren Moritzburger Rappen.
„Mammut ist nicht eingeteilt", gab Jochen so freundlich wie möglich Auskunft.
„Ich will ihn aber", brüllte das Kind noch lauter als vorher und trampelte wütend vor den Füßen seiner im Schlepptau folgenden Mutter herum.
Das konnte nur ein Sohn von Dr. Schlumberger sein! Dieses wütende Herumspringen hatte ich doch gerade gestern ganz ähnlich miterlebt.
„Bleib ruhig", sagte ich mir, obwohl heftiger Zorn über den verzogenen Rabauken in mir hochstieg. „Bleib einfach cool. Das hier ist absolute Chefsache."

Spontan entschied ich, Gamasche noch heute Nacht zu entführen, falls der schreiende Junge tatsächlich Schlumbergers Sohn war.
„Wir können es ja versuchen, Frau Teuerkauf", mischte sich Herr Renneisen von hinten ein. „Obwohl Mammut für Anfänger schwierig ist. Die kriegen ihn kaum vorwärts."
Also nicht Schlumberger. Teuerkauf.
Das war doch diese Rechtsanwältin, die früher mal bei uns ritt. Ich erinnerte mich dunkel, daß sie Herrn Renneisen letztes Jahr kostenlos einen juristischen Rat gegeben hatte. Aha. Jetzt wollte sie als Gegenleistung ihren mißratenen Sohn hier unterbringen. Papa hatte also doch recht, wenn er behauptete: „Anwälte sagen dir nicht mal die Uhrzeit, ohne dafür eine Rechnung zu schicken."
Während ich Gamasche auftrenste, beobachtete ich, wie der Chef den Schreihals in Mammuts Box brachte.
„Und daß du mir alles so erledigst, wie Herr Renneisen es sagt, Jan-Benedikt", wies Frau Teuerkauf ihre laute Kreuzung streng an.
„Klarer Fall", schrie Jan-Benedikt und sprang wie irre um Mammut herum.
Ob es Menschen gibt, die keinen Lautstärke-Regler im Kehlkopf haben? Offensichtlich. Unser ruhiger Moritzburger wurde ganz nervös. Ein paar Mal drehte er sich genervt im Kreis.
Plötzlich steigerte sich Jan-Benedikts normales Geschrei zu markerschütterndem Gebrüll.
„Das Vieh hat mich getreten", tobte er und hüpfte auf einem Bein herum.
„Tollpatsch", schrie Astrid zurück.
Für einen Moment herrschte erstaunte Stille. Dann ging das Gebrüll weiter. Wir kümmerten uns einfach nicht mehr um ihn. Herr Renneisen schlug verzweifelt die Augen zur Decke. Das konnte ja heiter werden.
Endlich waren alle Kurs-Kinder mit Pferden versorgt. Vom „harten Kern" der Stall-Jugendlichen hatten sich inzwischen

noch Hanni, Lea und Nina eingefunden, so daß wir acht Profis waren, die in der Reithalle helfen konnten. Jeder von uns führte ein Pferd am Zügel in die Reithalle, wo der Ferienkurs schon wartete. Herr Renneisen zeigte, wie man die Trittspur entlang der Bande mit der Schaufel ebnet.

Wir stellten unsere Pferde ordentlicher als sonst nebeneinander auf. Damit signalisierten wir den Müttern auf der Tribüne, daß sie es mit Profis zu tun hatten. Herr Renneisen zeigte jedem Kind sein Pferd.

Beim Aufsitzen schrie Jan-Benedikt wieder los: „Der ist zu hoch."

Der Chef stemmte ihn nach oben und atmete auf, als der Junge eher schlecht als recht im Sattel hing. Jenny half einem kleinen Mädchen auf Sir Toby hinauf. Sie beugte sich weit zu mir herüber. „Jan-Benedikt ist bestimmt ein verdeckter Mitarbeiter der Stiftung Warentest", kicherte sie, „der einen Artikel über die Belastbarkeit deutscher Reitlehrer schreibt."

Feixend zog ich die Steigbügel an Gamasches Sattel herunter und hievte Miriam-Vanessa in ihren nagelneuen Reitsachen nach oben. Sie war leichenblaß.

„Anreiten im Schritt", ordnete der Chef an.

Wir führten die Pferde am Zügel im Gänsemarsch hintereinander. Alle gingen manierlich, nur Jan-Benedikt knallte Mammut seine Hacken in die Rippen, daß unser Moritzburger erschreckt zwei schnelle Schritte machte. Das Unglück folgte augenblicklich: Wie vom Blitz getroffen schoß Jan-Benedikt senkrecht mit dem Kopf nach unten.

Jeder andere hätte sich dabei wahrscheinlich das Genick gebrochen. Nicht so Jan-Benedikt Teuerkauf. Mit dem Gesicht in den Sägespänen brüllte er wie am Spieß. Dann kugelte er irgendwie auf die Beine und rannte hinaus, ohne sich um Mammut zu kümmern.

Frau Teuerkauf hinterher.

Ich liebe Ferienkurse. Und ich bin sicher, daß ich nie eine Reitschule haben möchte.

„Hoffentlich kommt der nie wieder“, seufzte Herr Renneisen und angelte sich Mammuts Zügel. „Mit dem kann ich keinen normalen Unterricht machen.“
Frau Leonfeld von der Kochlöffel-Abteilung, die zufällig hereinguckte, übernahm Mammut und brachte ihn in seine Box zurück. Kurze Zeit ging alles gut, dann stand das laute, drohende Unheil wieder an der Bande.
„Ich will Feuerstein“, schrie Jan-Benedikt. „Der ist so alt, der tut nichts mehr.“
Herr Renneisen nickte und grinste.
Jochen und ich sollten mitgehen und beim Satteln helfen. Der Chef hielt solange Gamasche, und Frau Leonfeld führte Scheich. Ich wette, wir sahen genauso fröhlich aus wie Herr Renneisen, als wir mit Jan-Benedikt Richtung Boxen gingen. Aus gutem Grund.
Jochen verdrückte sich zum Zugucken in die Nachbarbox von Feuerstein. Seine Weitsicht wurde schnell belohnt.
Jan-Benedikt sollte Feuerstein auf Drängen seiner Mutter unbedingt selber putzen – und Putzen war etwas, was unser alter Herdenchef haßte.
Es ging nur einen Moment gut.
Dann drehte Feuerstein sich wütend um, schnappte sich Jan-Benedikts Weste und schüttelte den Jungen wie einen ungezogenen, kleinen Hund.
„Hilfe, Hilfe, er bringt mich um“, quiekte es aus Feuersteins Box.
Frau Teuerkauf hatte genug. Sie packte den tobenden Jungen und zog ihn über die Stallgasse mit nach draußen.
„Hat wohl keinen Zweck mit ihm“, rief sie Herrn Renneisen im Vorbeigehen zu und verschwand. Immerhin schien sie eine gute Rechtsanwältin zu sein – sie merkte rechtzeitig, wenn ein Fall aussichtslos war.
Der ganze Stall atmete auf.
Jetzt konnte es endlich mit dem Ferienkurs losgehen.
Die acht Kinder bemühten sich angestrengt, gerade zu sitzen

und nicht hin und her zu rutschen, während wir die Pferde am Zügel führten.

Jochen hatte wieder Scheich übernommen und ich Gamasche. Miriam-Vanessa war immer noch kreidebleich.

„Sie muß ja tierische Angst haben", flüsterte Jochen, „so wie die aussieht."

Das stimmte. Aber noch etwas sah ich, und ich konnte nicht behaupten, daß es meine Laune verbesserte. Die Schlumberger-Tochter saß kerzengerade im Sattel. Sie ging schön mit der schwingenden Rückenbewegung von Gamasche mit. Bestimmt war der blöde Ballettunterricht daran schuld.

Ich hustete auffällig, bis Jenny, Astrid und Jochen sich zu mir umdrehten. Mit dem Kopf wies ich auf Miriam-Vanessa. Wir warfen uns traurige Blicke zu. Warum konnte sie sich nicht so stümperhaft anstellen wie Jan-Benedikt?

In der nächsten Stunde trotteten wir langsam neben den Pferden an der Bande entlang.

Die 2a- und 2b-Mütter auf der Tribüne entspannten sich allmählich und vertrieben sich die Zeit mit Geschichten über ihre Wunderkinder.

Dann kam endlich der spannende Teil der Veranstaltung.

Wie bei jedem Ferienkurs meinten die Mütter nach der ersten, ruhigen Stunde, ihre kleinen Genies könnten sicher schon allein reiten.

„Probiert mal, ob ihr eure Pferde selbst lenken könnt", schlug Herr Renneisen vor. Ohne die eigentlich angemessene Panik in seiner Stimme. Er wußte doch aus leidvoller Erfahrung, was die Aufforderung für seine Pferde bedeutete – die erlaubte Ausübung von Terror.

Wir ließen die Zügel los und versammelten uns feixend auf dem Aussichtsplatz in der Mitte.

Scheich nutzte seine Freiheit sofort, um sein beliebtes Spiel „unser Araber klettert die Bande hoch" zu spielen. Statt ordentlich in der Spur neben den Seitenwänden zu bleiben, hob er das rechte Vorder- und Hinterbein dreißig Zentimeter

an, legte beide Hufe auf der hölzernen Bande auf und schlurfte schräg daran entlang. Angstvoll klammerte sich seine Reiterin im Sattel fest, um nicht von dieser schiefen Araber-Ebene herunterzurutschen.
Gamasche knallte ihren rechten Hinterhuf gegen die Bandentür, daß es nur so krachte, und fing an zu galoppieren.
„Hilfe", wimmerte die Barbiepuppe, „das halte ich nicht aus."
Voller Angst suchte sie den Blick von Dr. Schlumberger, der mit verschränkten Armen auf der Tribüne stand.
In diesem Moment fing ich an, ihn wirklich zu hassen. Wie selbstherrlich er da oben thronte und energisch mit dem Zeigefinger nach unten hackte! Das sollte wohl heißen: „Daß du mir ja draufbleibst."
Ob er Miriam-Vanessa zu Hause verprügelte? Den Gedanken fand ich nicht abwegig. Papa behauptete, so etwas käme in den besten Familien vor. Garantiert besaß Schlumberger aus seiner Zeit unter Bismarck noch einen Rohrstock.
Sir Toby, unser zuverlässiger Rundum-Sorglos-Wallach, tat, was er nur bei Anfängern tat: Er ging rückwärts. Schließlich wurde er immer langsamer und blieb dann wie ein in Stein gehauenes Denkmal stehen. So endgültig, als ob seine Batterien leer und die Wegfahrsperre eingerastet sei.
Scheich langweilte sich inzwischen mit seiner Bergsteiger-Nummer. Mit gefletschten Zähnen stürzte er sich auf die schöne Helena, um sie zu einem kurzweiligen Zweikampf zu überreden. Die anderen Pferde liefen kreuz und quer durch die Halle, mal im Trab, mal im Galopp, untermalt von den spitzen Schreien der Mütter.
Es war der ganz normale Wahnsinn.
„Fangt die Pferde wieder ein", forderte Herr Renneisen uns nach zehn Minuten Chaos auf. „Paul, geh du doch bitte mit zu Scheich und halte das Mädchen da oben fest."
Wir hatten alle gesehen, wie bedrohlich die Kleine bei Scheichs Schlagseite gewackelt hatte.
„Übernimmst du deinen Jeronimo und gehst mit ihm an die

Spitze, Wiebke?“
Wiebke Leonfeld hatte die ganze Zeit von der Tribüne aus zugesehen. Schließlich war auch ihre Tochter Britta beim Kurs. Frau Leonfeld nickte uns freundlich zu, als sie die Halle Richtung Jeronimo und Britta durchquerte.
Den braunen Holsteiner Jeronimo besaß sie erst seit zwei Wochen. Wir hatten uns damals sehr über den Kauf gewundert. Was wollte eine von den Kochlöffeln mit einem eigenen Pferd? Keine aus dieser alten Girlie-Group würde das Reiten jemals lernen! Soviel stand für uns fest.
Doch Herr Renneisen, der merkwürdigerweise immer alles mitkriegte, hatte uns damit verblüfft, daß Wiebke Leonfeld früher S-Dressur geritten war. S-Dressur, die schwerste Prüfung von allen. Das war schon was!
Als der Vormittag endlich vorbei war und die Pferde zurück in die Boxen durften, hatten wir Bärenhunger. Aus dem Reiterstübchen drang das Gekreische der Kochlöffel-Abteilung. Schnell versorgten wir die Pferde, liefen zum Frühstücksraum und steckten fragend unsere Nasen herein.
„Hier warten Croissants und Apfeltaschen auf unsere fleißigen Helfer“, begrüßte uns Frau Stadelfeld. Für Erwachsene waren die Alt-Girlies ganz erträglich.
Ohne Umschweife rückte Frau Stadelfeld mit Frau von Raethfeld und Frau Abelfeld auf der Bank zusammen, und wir quetschten uns daneben. Aufmunternd hielten sie uns Körbe mit duftendem Gebäck unter die Nase. Das ließen wir uns nicht zweimal sagen. Wir, die Stützen des Stalls.
Frau Leonfeld hatte sich mit uns durch die Tür geschoben. Sie umarmte jeden, weil sie so glücklich darüber war, daß ihr Jeronimo so brav geblieben war.
Sie war es übrigens gewesen, die die Riesenmengen Kuchen eingekauft hatte.
„Mein Pferd gibt einen aus“, strahlte sie. „Wißt ihr eigentlich, daß Jeronimo mein allererstes eigenes Pferd ist?“
Sie biß mit Appetit in eine Apfeltasche.

„Früher“, fuhr sie fort, „hatte ich kein Geld für ein Pferd, dann waren meine Kinder noch zu klein, aber jetzt.“
Kichernd erinnerte sich Frau Leonfeld an ihre Streiche bei den Dressur-Turnieren. Bald waren die Kochlöffel wieder in ihrem Element. Geschüttelt von wieherndem Gelächter, warfen sie sich haltlos über die Tischkante, und wir sahen nachsichtig auf sie herab.
Diese Kochlöffel! Sie waren überhaupt überraschend fröhlich für Menschen, denen das Leben nichts mehr zu bieten hat. Mir war das unerklärlich. Wie konnte man lachen, wenn man 40 war und das Leben sich dem Ende zuneigte?
Schließlich flaute der Heiterkeitssturm ab. Mit ihrer Serviette rieb sich Frau Leonfeld die Lachtränen aus den Augen.
„Übrigens“, wandte sie sich jetzt an Jenny, „du hättest auch das Zeug zu einer guten Turnierreiterin.“
Jenny zuckte zusammen, als ob sie gerade eine fürchterliche Beleidigung gehört hätte und kein Kompliment.
„Ich???“ Ihr Gesicht lief abwechselnd blaß und rot an.
Wiebke Leonfeld griff noch einmal in den Gebäckkorb und nickte heftig.
„Letzte Woche habe ich dich auf Gamasche gesehen.“ Kauend klopfte sie Jenny auf die Schultern, „Klasse. Wie du mit der zurecht kommst. Es ist wirklich eine Schande, daß so ein Holzhacker wie der Schlumberger sie bekommen soll.“
Es hatte sich also schon herumgesprochen mit Schlumberger.
SCHLUMBERGER!!!
Erschrocken quiekte ich auf.
Ohne Erklärung drängelte ich mich an den Kochlöffeln vorbei aus der Bank und warf einen Blick durch die Tür in die Stallgasse. Dr. Schlumberger war natürlich schon verschwunden, ohne ein Pferd zu putzen. Ärgerlich.
Ich kam mir ziemlich schäbig vor, daß ich den Fall Gamasche über meinem selbstsüchtigen Eßvergnügen vergessen hatte. Aber morgen.

3. Warnung Nr. 2

Herr Renneisen wirkte leicht gereizt, als ich am nächsten Morgen um 6.30 Uhr im Stall aufkreuzte, um alles für den Ferienkurs vorzubereiten. Blitzschnell blätterte ich in Gedanken die Liste meiner Stallsünden durch. Aber außer dem Droh-Schild an Gamasches Sattel, das er uns ja verziehen hatte, war mein Gewissen schimmelweiß.
„Mach schon mal die Kette fest", ordnete Herr Renneisen an, während er frisches Stroh in die Boxen warf. „Wir holen dann die Pferde von der Weide."
Pfeifend schlenderte ich durch die offene Hintertür des Stalls auf den Hof, hob das Ende der rot-weißen Absperrkette auf und hakte es an einem Anbindering im Paddock fest. Ich drehte mich nach Herrn Renneisen um.
„Karo, mach die Gattertür auf."
Mit einer Schüssel voller Futter-Pellets ging Herr Renneisen auf den Auslauf und klapperte verheißungsvoll.
„Komm, komm." Seine Stimme klang, als hätte er Kreide gegessen. Gespannt lehnte ich mich über den Zaun. Würden unsere Pferde heute auf den Balzruf des Reitlehrers hereinfallen? Es sah nicht so aus. Sie hatten sich im hintersten Teil der Weide zusammengerottet und gaben vor, so gedankenverloren zu grasen, daß sie seinen Ruf unmöglich hören konnten.
„Komm, komm."
Ich versuchte, ihn zu unterstützen. Beide Hände trichterförmig vor den Mund gelegt, flötete ich: „Gamasche, komm."
Nichts. Meine Stimme wurde eine Idee süßer.
„Gaaa-maaa-sche."
Gamasche bohrte ihre braune Nase noch tiefer ins Gras. Damit stand fest, daß sie nicht beabsichtigte, auf mein Werben hereinzufallen.
Natürlich wußte sie so gut wie die anderen, daß das Lockfut-

ter schnell weggefressen war. Und danach hieß es arbeiten. Bei genauer Abwägung der Vor- und Nachteile entschieden sich unsere Pferde immer öfter, auf der Weide zu bleiben.
Leise vor sich hin fluchend, marschierte Herr Renneisen mit schnellen Schritten über den Sand des Paddocks zur Weide.
„Die Herrschaften wollen mal wieder abgeholt werden", knurrte er.
Das hieß, der Chef mußte über Gräben springen, eins der Pferde einfangen und zum Stall zurückführen. Graben-Sprünge eingeschlossen. Die anderen folgten meistens, weil sie nicht gegen den Herdentrieb in ihren Genen ankamen. Wenn Renneisen Pech hatte, sprang ihm mindestens ein Pferd in die Hacken.
Heute hatte der Chef aber seinen Glückstag. Auf halben Wege kam ihm Helena schnaubend entgegen. Einer nach dem anderen folgte, bis sie eine schöne, dichte Herde bildeten.
„Wie edel und majestätisch sie ohne Reiter aussehen", ging es mir durch den Kopf. Eigentlich sollte man Pferde nur zum Angucken haben.
Beim Gatter gab es einen Engpaß. Geistesgegenwärtig nutzte Scheich das Gedränge, um im Stau drei Pferdekollegen ins Hinterteil zu zwicken.
Einer nach dem anderen sortierte sich in seine Box ein und machte sich zufrieden schnaubend über das Futter her. Wir schoben die Boxentüren zu.
Mit dem Rücken an die Wand gelehnt, warf Herr Renneisen einen Blick über seine Pferde.
„Wenn man sie morgens so entspannt auf der Weide sieht", meinte er zu mir, „möchte man sie gar nicht reiten, nur angucken. Geht es dir nicht auch so, Karo?"
Klar ging es mir auch so. Wem ging es wohl nicht so? Außer Dr. Schlumberger natürlich.
Als ob er meine Gedanken erraten hätte, lenkte Herr Renneisen das Thema auf unser Problem Nr. 5.
„Dr. Schlumberger will einen anständigen Preis für Gamasche

zahlen“, sagte er geradeheraus. „Achttausend Mark. Ihr müßt die Sache mal aus meiner Sicht sehen. Eine Reitschule ist keine Goldgrube. Wenn ein Pferd gut verkauft werden kann, muß man die Gelegenheit nutzen.“
Das war es wohl gewesen, was ihm heute morgen auf der Seele gelegen hatte. Ich war erstaunt, daß er mir die Schlumberger-Geschichte erzählte. Hieß das, daß Herr Renneisen mich für so wichtig hielt, daß er mich in seine Entscheidungen mit einbezog? Oder war es nur ein Trick, um mich von weiteren Drohgebährden gegen den Schulrat abzuhalten?
Bevor ich mir ein Urteil bilden konnte, tröpfelten die ersten Kurs-Kinder in den Stall. Fast gleichzeitig tauchten meine Freundinnen und Jochen auf.
Ohne Jan-Benedikt Teuerkauf lief der Unterricht erstaunlich gesittet ab. Miriam-Vanessa saß zu meinem größten Mißfallen wieder so gut wie gestern auf Gamasche, aber sie schien immer noch wahnsinnige Angst vor ihr zu haben. Die Barbiepuppe war nicht zu bewegen gewesen, in Gamasches Box zu gehen.
Beim Führen von Gamasche grübelte ich die ganze Zeit darüber nach, womit wir Dr. Schlumberger als nächstes treffen könnten. Heute mußte dringend Drohung Nr. 2 folgen.
Ganz wohl fühlte ich mich nicht in meiner Haut. Herr Renneisen hatte mir die Sache durch sein vertrauliches Gespräch erschwert. Ich verstand ja seine Geldgründe – aber Gamasche durfte nicht an den Schulrat gehen!
Man kann wohl sagen, daß ich heilfroh war, als Jochen mit einer zündenden Idee kam, was wir gegen den Schulrat unternehmen konnten. Jochen hatte gehört, daß Dr. Schlumberger Gamasche nach dem Kurs reiten wollte. Selbstverständlich nur, um seiner Tochter zu imponieren.
„Die Chance können wir uns nicht entgehen lassen“, flüsterte Jochen mir zu, als wir die Pferde absattelten. „Ich verstelle gleich Gamasches Zaumzeug.“
Während wir am Wassereimer standen und die Trensengebisse

auswuschen, drückte ich ihm unauffällig das Lederzeug von Gamasche in die Hand. Jochen verlängerte die Backenriemen um zwei Loch.

Das Metallgebiß würde nachher im Maul klappern – eine Todsünde. Natürlich würden wir rechtzeitig verhindern, daß Schlumberger damit losritt. Schließlich durfte meiner Gamasche nichts geschehen.

Ich holte meine Jutetasche von der Bank, ging zu Gamasche in die Box und schüttete ihr den gesamten Inhalt in die Krippe. Achteinhalb Möhren als Trostpflaster. Ich erklärte ihr die Lage, und daß alles nur zu ihrem Besten geschehe. Gamasche musterte mich aus ihren wachen Augen und zerkaute dabei mit großem Appetit meine Möhren. Im Großen und Ganzen hatte sie mich verstanden, glaube ich.

Dann verdrückten wir uns alle, so daß Dr. Schlumberger die Sklavenarbeit des Auftrensens bei Gamasche selber erledigen mußte. Kaum führte er „meine“ Stute in die Reithalle, rannten wir laut protestierend zum Chef.

„Gucken Sie mal, Herr Renneisen, was macht der denn mit Gamasche?“ taten wir ganz empört. „Das Trensengebiß hängt ja viel zu tief.“

Herr Renneisen sah das auch sofort und rief Herrn Schlumberger vorwurfsvoll zu, das dürfe ihm aber nicht passieren, wo er schon seit 30 Jahren reite.

„So etwas merkt man doch, Herr Dr. Schlumberger.“

Eine gewisse Schärfe lag in seiner Stimme, merkte ich, und ich jubelte heimlich. Besonders gern schien er dem Schulrat Gamasche nicht anzuvertrauen.

Mit tiefer Befriedigung sahen wir, daß Schlumberger schwer in seiner Herrenreiter-Ehre getroffen war.

„Sonst hat das immer gepaßt ...“, stotterte er; er könne sich das beim besten Willen nicht erklären.

„Aber Sie wissen doch“, konterte der Chef, „daß jeder Reiter vor dem Reiten das Lederzeug kontrollieren muß. Schließlich wird es jetzt beim Kurs zum Üben ständig auseinanderge-

schnallt."
Oben auf der Tribüne wurde Miriam-Vanessa größer und größer. Ohne eine winzige Spur von Mitleid blickte Barbie auf den entehrten Supermann herunter.
Wir rechneten uns gute Chancen aus, daß unsere Warnung Nummer zwei Erfolg haben würde.
War es nicht wie eine Fügung des Himmels, daß Herr Renneisen selber die Antwort darauf gefunden hatte, warum das Zaumzeug verstellt war? Er schien uns nicht im Verdacht zu haben. Sonst hätte er sicher nicht angeboten, uns nach dem Kurs die A-Dressur-Aufgabe vorzulesen, damit jeder von uns einmal in Ruhe üben konnte.
Hinterher wünschte ich, seine Großzügigkeit wäre mir erspart geblieben.
Jenny und ich hatten uns beide Gamasche ausgesucht. Während Herr Renneisen Jenny mit Lob geradezu überschüttete, schwieg der Chef bei meinem „Auftritt" überwiegend. Schweigen – das kam einem Todesurteil gleich. Ich merkte ja selber, daß mein Mittelschritt nur langes Latschen war, und daß meine Zirkel Ostereier wurden.
Vier Minuten hatte Herr Renneisen geschwiegen, während ich mich auf Gamasche vorwärtsquälte. Jetzt holte ich zum Finale aus. Mittelgalopp. Als Gamasche zu allem Überfluß nicht am Punkt angaloppieren wollte, bemerkte Herr Renneisen trocken: „Ich bin gespannt auf den Schluß-Gag."
Geduckt und ähnlich gedemütigt wie Dr. Schlumberger kroch ich mit Gamasche in die Mitte des Zirkels und schwang mich von ihrem Rücken. Dann stellte ich mich so hinter ihren Sattel, daß mich niemand von der Tribüne aus sehen konnte. Umständlich hantierte ich an den Steigbügeln herum.
Nicht auszudenken, wenn Jenny bei der Prüfung vor mir dran käme! Die Richter würden in Ohnmacht fallen! War es ein Trost, daß es Astrid auf Scheich auch nicht besser ergangen war? Kaum. Astrid hatte aber wenigstens ihren Humor behalten.

„Wir sollten wohl besser einen Blindenhund mitnehmen“, schlug sie hinterher vor.
Mir dagegen war der Ritt richtig auf den Magen geschlagen. Am liebsten würde ich hier hinter Gamasche verharren, bis die Nacht einbrach und der Stall leer war.
Leider ließ sich Herr Renneisen durch mein Versteckspiel nicht bluffen. Unter Gamasches Bauch hindurch sah ich seine Stiefel auf mich zukommen. Gleich würde er mich erschlagen. Zumindest mit Worten.
„Draußen sieht es gut aus mit dir und Gamasche.“ Zu meinem Erstaunen baute er mich erstmal auf. „Für den Reiterpaß im Gelände ist die Stute genau richtig für dich. Aber in der Halle ... probier’ es mal mit Helena. Die liegt dir für diese Aufgabe mehr, glaube ich.“
Herr Renneisen meinte dann noch, bei Astrid und mir läge das größte Problem darin, daß wir ständig am Zügel zögen.
„Feine Hilfengebung, Mädchen“, sagte er. „Guckt euch mal im Fernsehen unsere Weltklassereiter an. Da sieht man gar nicht, daß der Zügel bewegt wird.“
Ja, ja, unsere Weltklassereiter.
Jedenfalls bot Herr Renneisen an, heute nachmittag noch einmal mit uns zu üben. Richtig offiziell, mit Ansage aus der Richterbox. Ich sollte dann Helena nehmen. Das war eine starke Geste von ihm, denn die sensible Helena rückte er eigentlich nur für gute Reiter heraus. Manchmal ging sie zwar auch bei Anfängern, aber nur, wenn sie geführt wurden.
Ich fühlte mich gleich wieder besser und versicherte ihm, mit Helena hätte ich keine Probleme, die würde angaloppieren, wo ich wollte.
Als ich mittags voller Vorfreude auf den Nachmittag nach Hause kam, wollte Mama eine Grundsatz-Diskussion mit mir führen. Sie meinte, das frühe Aufstehen jeden Tag würde mir nicht bekommen. Wo ich doch sowieso schon blutarm sei und viel Schlaf brauchte.
Heute hatte ich wirklich keine Lust auf lange Gespräche. Um

der Diskussion aus dem Weg zu gehen, aß ich widerspruchslos zuerst Lammkoteletts mit Riesenmengen Spinat, danach Quark mit Nüssen.
Dann zwang Mama mich auf die Liege unter unseren Walnußbaum. Zum Ausruhen. Müde war ich wirklich, und so ließ ich mich überreden. Aber nicht, ohne den Küchenwecker mitzunehmen, den ich auf eine Stunde einstellte. Helena wartete schließlich!
Ich ließ mich auf die weiche Liege fallen, streckte die Beine lang aus und verschränkte meine Arme hinterm Kopf. Müde blinzelte ich durch das dichte Blätterdach in den hellblauen, wolkenlosen Himmel.
Mit der schönen Helena würde ich am Tag der Dressur-Prüfung ganz groß herauskommen. Wie in einem Film konnte ich alles vor meinem geistigen Auge abspulen lassen.

Ich reite auf der schönen Helena in die Halle ein. In makellosem Outfit, mit blendendweißer Bluse, akurat gebundenem Plaston, zusammengehalten von einer silbernen Anstecknadel mit Pferdekopf. Dazu die schwarze Dressurjacke und eine neue, weiße Reithose mit Ganzlederbesatz.
Nachdem ich sauber vor dem Richter gegrüßt habe, beginne ich statt mit der A-Dressur mit einer professionellen S-Dressur. Mit Pirouetten, Piaffen und allen Schikanen. Helenas Hufe scheinen den Boden kaum zu berühren. Millimeterweise Zügelhilfen von mir, und Helena schwebt, wohin ich will.
Die Zuschauer auf der Tribüne beginnen bewundernd zu flüstern. Almi murmelt staunend: „Satanziege“. Krümel wedelt beeindruckt mit dem Stummelschwanz.
Als ich fertig bin, stehen alle geschlossen auf und spenden mir minutenlang Beifall.
Der Richter kommt mit leuchtenden Augen aus seiner Box. Er fragt mich, ob ich mir vorstellen kann, in ein Reiter-Internat zu wechseln, um dort für die Olympischen Spiele zu trainieren. Ich sei ein Ausnahme-Talent. Er könne sich nicht genug

darüber wundern, daß Herrn Renneisen meine ungeheure Naturbegabung nicht längst aufgefallen sei.

Leider rasselte in diesem Moment mein Küchenwecker los. Aber ich fühlte mich ungeheuer beschwingt. Singend stand ich auf, trank gut gelaunt mit Mama Grünen Tee und zog mir andere Reitsachen an, die meiner Vorstellung von einer begabten Nachwuchsreiterin entsprachen. Statt meiner sackähnlichen Stallpullis wählte ich meine blaue Leinenbluse, die Mama mir für die Oper gekauft hatte.
Ganz langsam fuhr ich zum Stall. Auf dem Weg summte ich die ganze Zeit unsere National-Hymne, während ich mir ausmalte, wie ich bescheiden lächelnd meine Goldmedaille in Empfang nahm. Sie würden Straßen nach mir benennen und mein Bild auf Briefmarken drucken.
Ich konnte die Reitstunde kaum erwarten, denn ich fühlte mich noch richtig beseelt von meinem Star-Traum.
Doch dann kam das Fiasko: Helena quengelte ständig in der Mitte herum, wollte nicht angaloppieren, und ich zog wie immer am Zügel.
Herr Renneisen sagte durchs Mikrophon, unsere Sprüche über unsere reiterlichen Qualitäten ständen in erschreckendem Widerspruch zu unserem tatsächlichen Können.
Das holte mich vorübergehend wieder auf den Boden der Realität zurück.
Nachdem ich Helena abgesattelt und alles wieder in der Sattelkammer verstaut hatte, galt mein erster Griff dem Anmeldebuch für die Prüfung, das auf der Haferkiste lag.
Ich blätterte die Seite „A-Dressur Jugendliche“ auf und griff zum Kuli. Schluß. Ich wollte die peinliche Sache mit einem dicken Strich durch meinen Namen beenden.
„Am liebsten würde ich mich wieder streichen“, jammerte Astrid, die mit Scheichs Sattel um die Ecke hereinkam. „Ich möchte den Chef nicht gerne zu Tode blamieren vor dem Richter.“

Mein Kuli stockte hoffnungsvoll. Astrid kam sich also auch so unvollkommen vor? Dabei hatte sie doch vorhin gut ausgesehen auf Scheich. Vielleicht war mein Ritt ja auch weniger mies gewesen, als ich selber glaubte?
Da entdeckte Astrid das Prüfungsbuch in meiner Hand und fand sofort ihr gewohntes Kichern wieder. „Wie ich das so sehe, streichen wir uns alle. Bis auf Jenny."
Ich klappte das Buch zu. Wir beschlossen, noch etwas zu warten. Vielleicht würden wir es mit viel Training doch bis zum Reiterfest packen.
Wir konnten ja heute abend noch darüber reden. Wenn es nötig war, die ganze Nacht. Jenny und Astrid durften nämlich bei mir schlafen.

4. Scheichs kleine Schwester

Gemeinsam übernachten war toll.
Jennys Mutter hatte ihrer Tochter eine Nachricht hinterlassen. „Bin heute abend bei einer Vorlesung über chinesische Handdeutung. Wird spät. Du darfst bei Karo Spielberg schlafen, Liebes. Melanie." Auf dem Stück Papier hatte Geld für Hamburger und Pommes frites gelegen.
„Ich bin gespannt, wann sie mir nur noch eine Dose Chappi hinstellt", hatte Jenny ironisch gefragt.
Meine Mutter erlaubte, daß auch Astrid kommen durfte. Schließlich hatten wir viel zu besprechen. Natürlich hätten wir dabei auch Jochen gebraucht. Aber daß Jungen bei uns übernachteten, duldete Papa nicht. Dachte er, wir würden unter seinem Dach eine Orgie veranstalten?
Jochen hätte sowieso nicht gekonnt. Nächste Woche kriegte er seinen englischen Austauschschüler Sam. Dafür mußte er sein Zimmer noch umräumen und ein zweites Bett aufbauen. Hoffentlich konnte dieser Sam reiten und brachte etwas Leben in unseren Mädchenstall.
„Setzt euch auf die Terrasse, gleich gibt es Apfelpfannkuchen", rief Mama uns aus der Küche zu, als wir drei ins Haus polterten. Schon in der Diele duftete es verführerisch nach brauner Butter und geschmorten Äpfeln. Hmmm ...
Wir schnupperten mit verzückt geschlossenen Augen. Ein kleiner Umweg durch die Küche mußte sein. Der Duft zog uns einfach unwiderstehlich an.
„Apfelpfannkuchen", sagte Jenny fast andächtig und beugte sich über die heiße Pfanne, in der der erste goldgelb brutzelte, „wann hab´ ich den zuletzt gegessen?"
Ihr wurde wohl gerade richtig bewußt, wie sehr ihre eigene Mutter sie vernachlässigte. „Daß Sie sich extra für uns soviel Arbeit machen, Frau Spielberg."

Mama wehrte den Dank mit einer leichten Schulterbewegung verlegen ab. „Ich freue mich doch, wenn ich mal drei Töcher habe.“
Wir zogen auf die Terrasse. Papa war schon zu Hause! Er saß draußen und war in seine Lieblingslektüre „Fachblatt für den deutschen Maschinenbau-Ingenieur“ vertieft. Zu meiner großen Überraschung legte er das Magazin zur Seite, als wir erschienen, und unterhielt sich mit Astrid und Jenny.
Das war ungewöhnlich für Papa.
Normalerweise fand er, Gespräche mit Frauen seien Zeitverschwendung, weil sie nur von Gefühlen redeten statt von Fakten, Fakten, Fakten. Papa war leider etwas frauenfeindlich. Heute jedoch schien ihn die Aussicht auf Pfannkuchen so milde zu stimmen, daß er sogar mit minderjährigen Frauen redete. Ohne seinen üblichen Unterton.
Nach dem Essen kochte ich für meine Eltern als Dank zwei Espresso und für uns eine große Kanne Vanilletee, stellte sie zu den drei braunen Tontassen und der Kandisdose auf ein Tablett und balancierte damit in einer halsbrecherischen Aktion meine Treppe hoch.
Wir ließen uns auf die ausgelegten Matratzen nieder und schlürften genüßlich unseren Tee. Zu dritt war es doch viel gemütlicher als immer nur alleine! Ich schob eine fetzige Scheibe in den CD-Player.
Unser Gespräch kreiste natürlich um Dr. Schlumberger und Gamasche. Wie konnten wir den Kauf verhindern?
„Was ist, wenn wir Jennys Eltern unter Druck setzen?“ brüllte Astrid gegen das Schlagzeug an. „Wir drohen ihnen, daß wir sie beim Jugendamt anzeigen. Wegen vorsätzlicher Vernachlässigung einer 14jährigen.“
Astrid hatte sich richtig in den Gedanken verrannt.
„Es sei denn, sie kaufen Gamasche für Jenny. Dann würden wir von der Anzeige absehen.“
Jenny konnte nicht darüber lachen. „Mein Gott, Astrid“, sagte sie nur.

Doch Astrid war im Moment nicht zu bremsen. Ob Vanilletee die Phantasie anregte?
Als nächstes schlug sie vor, wir sollten alle unsere Sparbücher plündern und Gamasche in einer Art Stallgemeinschaft kaufen. Das war immerhin eine seriöse Idee.
Ich angelte mir einen Zettel vom Schreibtisch, und jeder sagte, was er im Moment an Geldreserven hatte und was an den nächsten Geburtstagen und Weihnachten zu erwarten war.
Wir kamen auf 950 Mark ohne Jochen. Uns fehlten also schlappe 7000 Mark. Unschwer zu erkennen, daß wir den Kaufpreis von 8000 Mark nie im Leben zusammenkriegen würden!
Und selbst wenn – die monatliche Miete für die Box war für uns Jugendliche unerschwinglich. Ja, wenn Jenny schon ihre Pferdewirt-Ausbildung hätte, dann könnte sie die Boxenmiete abarbeiten. Aber so?
„Es führt kein Weg daran vorbei", stellte Jenny schließlich fest, „wir müssen weiter daran arbeiten, Schlumberger unsere Gamasche zu vermiesen."
Diesmal mußten wir „mit gebleckten Zähnen" auf den Schulrat losgehen! Unsere dritte Aktion sollte ihm überdeutlich machen, daß er im Stall unerwünscht war. Und daß er sein Leben lang Schikanen zu erwarten hatte.
Ich richtete mich von meiner Matratze auf, um frischen Tee einzugießen.
Das heißt, ich wollte mich aufrichten. Aber es ging nicht. Ich hing irgendwo fest. Dann sah ich die Bescherung – die ganze Zeit hatte ich auf einer Tube Alleskleber gelegen und sie dabei zerquetscht. Der Kleber war nach links und rechts durch die aufgeplatzten Nähte gedrückt worden. 20 Minuten hatte er Zeit gehabt, mit meiner blauen Bluse und der Matratze eine unlösbare Verbindung einzugehen.
„Bis daß der Tod euch scheidet", feixte Astrid, während sie und Jenny mit vereinten Kräften an mir zogen. Was sie zustande brachten, war aber nur, daß meine Leinenbluse einriß und

der Matratzenbezug auch.
„Du mußt raus, Karolin Spielberg“, kicherte Astrid, „raus aus dieser Bluse. Es sei denn, du willst mit deiner Matratze als siamesischer Zwilling auftreten!“
Sie hatte recht. Beide halfen mir, die verklebten Stoffreste über den Kopf zu ziehen; sie zerrten an mir, bis ich mit der zerfetzten Bluse von der Matratze auf die Erde rollte.
Adieu, Opernbluse.
Da war er, der Geistesblitz!
Ich jubelte laut auf und trommelte ausgelassen mit den Fäusten auf die Holzdielen, bis Papa unten nervös wurde.
„Ist oben alles in Ordnung?“ rief er beunruhigt die Teppe hinauf.
„Mehr als das“, schrie ich zurück, „mehr als das.“
Ich wußte jetzt, wie wir Dr. Schlumberger beikommen konnten. Der ideale Köder für den großen, fetten Fisch war gefunden.

Die Mütter von Jenny und Astrid hatten aus unerklärlichen Gründen verlangt, daß ihre Töchter am nächsten Morgen zum Frühstück nach Hause kamen. Also fuhr ich um sieben Uhr allein zum Stall. Die anderen wollten nachkommen.
Vom braunen Deckel der Haferkiste leuchtete mir ein weißes Blatt Papier mit Herrn Renneisens ungeduldiger Handschrift entgegen. „Karo! Kannst du heute Unterricht machen? Gruß Renneisen.“
„Gruß Renneisen“, murmelte ich verblüfft. Was sollte das? Wollte er mich veralbern?
Unschlüssig drehte ich den Zettel in der Hand hin und her. Gleich kamen die Kochlöffel und ein paar fortgeschrittene Kinder. Ihr Unterricht war in diesen Wochen wegen des Ferienkurses verlegt worden.
Eine Hand griff mir über die Schulter und zog mir das Papier aus den Händen. Die Renneisen-Hand.
„Du setzt dich in der Richterbox vors Mikrophon, ich dane-

ben. Ich mache dir Zeichen, was du sagen sollst“, kritzelte er auf die Rückseite.
Ich musterte den Chef beim Schreiben. Er hatte einen roten Fieber-Kopf und einen dicken Schal um den Hals, trotz der Wärme. Wahrscheinlich seine gute, alte Kehlkopf-Entzündung, bei der die Stimme einfach wegblieb. Das kannten wir. Der Chef war aber auch unvernünftig wie ein kleines Kind. Wenn er bei der Arbeit draußen ins Schwitzen kam, zog er sich nie etwas Trockenes über. Gestern erst hatte ich Almi schimpfen hören: „Du wirst dir noch den Tod holen, Rüdiger.“
„Okay?“ krächzte Herr Renneisen. Ich nickte.
Innerlich rieb ich mir die Hände. Endlich mal Abwechslung. Das würde ein Spaß werden!
Herr Renneisen drückte mir das Stallbuch in die Hand, damit ich für jeden das Pferd eintragen konnte. In der Spalte von heute herrschte noch gähnende Leere. Das bedeutete, die Reiter konnten sich ihr Pferd selber aussuchen.
Durch die Stalltür schob sich eine Tasche, aus der eine Gerte lugte, dann eine Putzbox, ein Eimer mit Möhren und zwei Beutel Äpfel. Das konnte nur Frau Stadelfeld sein, die zu den wenigen Erwachsenen zählte, die immer Leckerbissen für die Pferde dabei hatten.
„Gleich wird sie sich schütteln und sagen: ´Ich fühl´ mich heute nicht so, ich glaub´, ich nehm´ Sir Toby´“, prophezeite ich Herrn Renneisen, und er grinste augenzwinkernd.
So oft wie unsere Frau Stadelfeld konnte sich kein Mensch unwohl fühlen. Die Bemerkung war ihr einfach in Fleisch und Blut übergegangen, wie eine Entschuldigung dafür, daß sie den ruhigen Sir Toby so gerne ritt. Sie hatte den treuen Braunen nun mal ins Herz geschlossen.
Frau Stadelfeld verstaute ihre Vorräte unter der Bank neben der Sattelkammer.
„Ich fühl´ mich heute nicht so.“ Heftiges Schütteln. „Ich glaub´, ich nehm´ Sir Toby.“
Sorgfältig trug ich in der Rubrik 8-9 Uhr „Sir Toby“ und

dahinter „Fr. Stadelfeld“ ein. In der nächsten halben Stunde trudelten auch die anderen Reiter ein. Als ich alle eingetragen hatte, ging ich nach draußen und kontrollierte, ob die Außentür der Halle geschlossen war.
Aus der Box von Helena drang das leise Schnauben der Stute. Wenn Frau von Raethfeld kam, gab es Sonder-Streicheleinheiten, und die genoß Helena sehr.
Unsere Männer im Stall nannten das Herumschmusen mit den Pferden „fehlgeleiteter Brutpflege-Instinkt“. Dabei waren sie nur neidisch! In ihrem Männlichkeitswahn glaubten sie, Kuscheln würde sie als Weicheier entlarven. Es hatte keinen Sinn, sich darüber aufzuregen. Papa war genauso. Er gab ja nicht mal zu, daß er aus lauter Angst niemals näher als eine Fußballfeldbreite an ein Pferd herangehen würde.
Ein Blick auf die Uhr zeigte mir, daß ich noch Zeit hatte, die neue, spezielle Satteldecke unter Scheichs Sattel auszuprobieren. Frau Abelfeld hatte sie mitgebracht. Beim letzten Ausritt war der kleine Araber falsch gesattelt worden. Seitdem plagten ihn Druckstellen neben der Wirbelsäule.
Scheich guckte sich mißtrauisch um, als ich ihm die Satteldecke auf den Rücken legte. Ärgerlich grunzend versuchte er, mit den Zähnen danach zu schnappen. Oh, ich Esel!
„Entschuldige, Araberchen.“
Wie unsensibel von mir! Alles Neue muß ein Pferd doch erstmal beriechen. Ich zog das Teil wieder vom Rücken und hielt es Scheich unter die Nase. Na also! Scheichi knurrte gnädig und beschnupperte das unbekannte Ding ausgiebig. Danach durfte ich ihn satteln.
Herr Renneisen wartete schon vor Scheichs Box und tippte mit dem Zeigefinger auf seine Armbanduhr. Acht Uhr!
Ich übergab Scheich an Henriette, die ihn reiten sollte, und bemühte mich, mit dem eiligen Gang von Herrn Renneisen Schritt zu halten.
Wir durchquerten die Reithalle bis zur Mitte der kurzen Seite. Durch eine Klapptür gelangte man in die Richterbox.

Bevor ich die Tür hinter mir zuzog, warf ich schnell noch einen Blick über die Schulter. Ob Jochen schon da war? Ewig schade, wenn er mich nicht erleben würde.

Ich setzte mich auf den Königsstuhl vor das Mikrophon und machte gleich eine professionelle Sprechprobe: „Eins, zwei, drei, können Sie mich hören?"

Die Reiter nickten gehorsam.

Dieser Platz gefiel mir. Er machte mich automatisch zu einer Respektsperson.

Ich ließ die Abteilung im Schritt anreiten, nachdem das rauhe Bellen des Chefs etwas Ähnliches zu bedeuten schien. Danach beschrieb sein Zeigefinger einen Kreis im Uhrzeigersinn, was ich richtig mit „Alles rechte Hand, auf den Zirkel gehen", übersetzte. Ganz so leicht hatte ich mir den Beruf eines Reitlehres doch nicht vorgestellt.

Brauchte ich den Chef überhaupt?

Nach einer Weile riß es mich richtig mit. Ich schwamm auf der Woge meiner ungewohnten Macht und achtete nicht mehr auf die Zeichen von links.

Ich, Karolin Spielberg, mit der Lizenz zu verdammen und seligzusprechen, nahm die Sache selber in die Hand.

„Mehr Zirkelarbeit, Frau Stadelfeld", kommandierte ich, und „Beim Angaloppieren den äußeren Schenkel deutlicher zurück, Frau Abelfeld."

Mein Seufzer durchs Mikrophon kam gut in der Halle, und auch der Dümmste verstand seine Bedeutung: „ ... wie oft muß man denn hier die einfachsten Grundregeln wiederholen?"

Selbst vor Kritik in der direkten Form scheute ich nicht zurück. „Auke im Kreuzgalopp, Frau Müller", tadelte ich streng, „daß Ihnen so etwas passiert!"

Auch gönnerhafte Redensarten gefielen mir, beispielsweise: „Na, Frau von Raethfeld", – kurzes, abgehacktes Lachen – „heute ist wohl nicht der Tag des deutschen Adels, wie?"

Aber ich teilte auch Lob aus.

„Schöner Mitteltrab, Frau Leonfeld. Wenn man einmal S-Dres-

sur geritten ist, weiß man, wo es langgeht, nicht wahr?"
Wir S-Dressur-Reiter verstanden uns.
Ich wurde immer tollkühner.
Nichts gegen Herrn Renneisen – aber ich würde den Unterricht sicher besser machen. Schon sah ich einen silberhaarigen Vertreter der Deutschen Reiterlichen Vereinigung vor mir, der die Reitschule als vorbildlich auszeichnete. Die Journalisten der Fachzeitschriften würden Schlange stehen, um mich zu interviewen, und begeistert über mich zu schreiben.
Jäh riß mich das Gekrächze eines Untergebenen aus meinen Wunschträumen.
Wer wagte es, den König beim Regieren zu stören? Ungehalten wandte ich mich vom Mikrophon weg dem Störenfried zu meiner Linken zu.
Herr Renneisen! Er senkte beschwichtigend seine Hände nach unten.
Himmel! Über meinen Regierungsgeschäften hatte ich ihn total vergessen.
Mein Gesicht wurde knallheiß. Bestimmt lief ich rot an wie eine Tomate. Peinlich! Ich hatte die Kontrolle über mich verloren. Mit glühenden Wangen beendete ich den Rest der Stunde mit kurzen, vorschriftsmäßigen Ansagen.
Während ich das Mikrophon abschaltete, ohne Herrn Renneisen anzusehen, schrieb er etwas auf einen Zettel, den er mir zuschob. Wahrscheinlich stand darauf „Laß dich nie wieder im Stall blicken, Karolin Spielberg", dachte ich. Aber der Inhalt war wider Erwarten freundlich.
„Wärst du als Pferd geboren", las ich da, „dann wärst du sicher die kleine Schwester von Scheichi geworden. Unterricht war gut."
Renneisen nahm meinen Höhenflug also mit Humor. Nett von ihm.
Auch die Kochlöffel lachten und zwinkerten mir zu, als sie mit ihren Pferden aus der Reithalle kamen. So komisch war es ja nun auch nicht gewesen. Aber alte Leute sind offensichtlich

schnell zu belustigen.
Frau Leonfeld lachte allerdings nicht. Mit gerunzelter Stirn stand sie neben ihrem Jeronimo, den Sattel über dem linken Unterarm.
„Ich weiß nicht, was mit ihm los ist."
Kummervoll strich sie über Jeronimos Flanken, die naß von Schweiß waren. Auch an Rücken, Hals und Brust dampfte das nasse Fell. „Dabei habe ich doch heute kaum etwas mit ihm gemacht."
Sie reckte sich und warf einen prüfenden Blick in die anderen Boxen: „Gamasche, Scheich, Sir Toby – die sind doch alle ganz trocken."
„Laß ihn vom Tierarzt angucken", krächzte Herr Renneisen, der kopfschüttelnd vor dem Pferd stehengeblieben war. „Der kommt ohnehin gleich."
Inzwischen war die Stallgasse von dem Ferienkurs in Beschlag genommen worden. In der unteren Hälfte hüpften Jochen, Astrid und Jenny von Box zu Box und halfen beim Satteln, oben sah ich Hanni, Lea und Paul bei der Arbeit.
Den Unterricht wollte heute Almi übernehmen, damit die Reibeisenstimme des Chefs sich erholen konnte.
Daß kleine Kinder immer so einen Lärm machen mußten!
So konnte ich nur mit halbem Ohr verstehen, was der Tierarzt sagte.
„Thrombose", war alles, was ich aufschnappte. Und daß Jeronimo jetzt tagelang bewegungslos in der Box stehen müsse. Thrombose kannte ich. Opa hatte früher mal eine gehabt. Das ist ein Blutgerinnsel, das die Adern verstopft. Damals mußte Opa auf der Stelle ins Amalie-Sieveking-Krankenhaus. Zwei Wochen hing er am Tropf und mußte stramm liegen. Nicht mal aufs Klo durfte er.
Daß Pferde auch Thrombose kriegen konnten, hatte ich nicht gewußt. Sicher wäre es gut, wenn man unseren Jeronimo auch ins Amalie-Sieveking bringen könnte. Und an den Tropf hängen. Frau Leonfeld würde auf jeden Fall alles für ihn tun, da

konnte man ganz zuversichtlich sein.
Irgendwie war mir wegen Jeronimo die Lust vergangen, noch heute zum großen Schlag gegen Dr. Schlumberger auszuholen. Montag war sowieso der bessere Tag dafür, denn Montag sollte der Ferienkurs alle Sättel einfetten.
Dann wurde es bitterernst für Dr. Schlumberger.

5. Es wird ernst, Schlumberger!

Montag ging es Jeronimo besser. Das Mittel zur Blutverdünnung schien zu wirken. Alle atmeten auf. Irgendwie leidet jedesmal der ganze Stall mit, wenn ein Pferd krank ist.
Aber nun, wo es aufwärts ging mit ihm, war unsere „Beißlust" gegen den Schulrat wieder voll erwacht. Heute wollten wir ihn schachmatt setzen. Es würde so peinlich für ihn werden, daß er danach nie mehr einen Schritt in den Stall setzen würde – wenn er einen Funken Anstand im Leib hatte.
Dr. Schlumberger hatte sich für eine Reitstunde um 12 Uhr eingetragen, nach den Kindern.
12 Uhr war perfekt. Dann saß nämlich der gesamte Ferienkurs einschließlich Miriam-Vanessa auf der Tribüne, um mit Herrn Renneisen Sättel einzufetten.
Mein Plan war Donnerstagabend herangereift, als ich mit meiner Bluse auf der Matratze festgeklebt war.
Samstag war ich zum nächsten Baumarkt gefahren und hatte dreiundzwanzig Mark für zwei Tuben Kontaktkleber ausgegeben. Ich hatte die anderen überzeugt, daß wir Dr. Schlumberger auf Gamasches Sattel festkleben mußten. Mit allen entehrenden Folgen.
Im Baumarkt hatte ich mich genau beraten lassen. Dieser Klebstoff mußte erst einige Minuten an der Luft antrocknen, dann haftete er besonders kräftig. Günstig für uns war es auch, daß die Schicht sich nach dem Antrocknen nicht klebrig anfühlte. Ideal. So würde Schlumberger beim Aufsteigen keinen Verdacht schöpfen.
„Was damit geklebt wird", hatte der Verkäufer versichert, „kriegt man nur noch mit Hammer und Meißel auseinander."
Summend marschierte ich mit den Tuben unterm Sweatshirt über die Stallgasse, um den Stand der Dinge bei Dr. Schlumberger zu kontrollieren. Er war noch nicht da??? Ich schlen-

derte nach draußen zu den anderen.
Jochen sah plötzlich gar nicht mehr so unternehmungslustig aus, als ich meine Tuben aus dem Ärmel blitzen ließ.
„Du, Karo“, meinte er zögernd, „ich wette, der Chef wird das nicht besonders lustig finden.“
Jochen, ausgerechnet Jochen!
Mein starker Traumprinz wollte einen Rückzieher machen? Damit hatte ich nicht gerechnet.
Wütend stemmte ich meine Fäuste in die Hüften.
„Was willst du“, funkelte ich ihn an, „daß der Chef zufrieden schnurrt? Oder willst du Gamasche?“
Jochen verzog das Gesicht und zuckte die Schultern.
Empört drehte ich mich zu Astrid um. „Und du?“
„Gamasche!“
Ein klares Wort. Zufrieden nickend klopfte ich ihr auf die Schultern und wandte mich an Jenny.
„Jenny?“
„Am liebsten beides.“
„Beides geht nicht“, stellte ich sachlich fest, „man muß im Leben Prioritäten setzen!“
Den Spruch kannte ich von Papa. Das hieß, daß man sich für eine Sache entscheiden muß. Mit hocherhobenem Kopf drehte ich mich um und schritt in den Stall zurück. Unbeugsam! Das war ein klasse Auftritt gewesen! Ich war wild entschlossen, meinen Plan auszuführen.
Als ich an Gamasches Box vorbeikam, trenste der Schulrat unsere Stute schon auf. Ich durfte keine Zeit verlieren.
„Warte doch, Karo!“
Die anderen kamen im Sturmschritt die Stallgasse hoch. Jochen hielt mir stumm seine rechte Hand hin, und Jenny folgte seinem Beispiel.
Na also! Ich schüttelte die beiden Friedenshände gleichzeitig und sagte nur: „Jetzt aber los.“
Gut, daß sie sich noch rechtzeitig zum Mitmachen entschlossen hatten. Astrid versteckte Schlumbergers Reitkappe und

Gerte unter einigen Jacken auf der Bank. Er würde einige Zeit brauchen, um sie zu finden. Ich konnte dann in Ruhe den Sattel präparieren.
Wir stellten uns hinter die Feuerschutztür bei den Geräten und warteten ab, bis er gesattelt hatte. Langsam schraubte ich die Verschlüsse von den Tuben ab. Mein Herz klopfte schneller als sonst.
Jetzt verließ er die Box und marschierte zu seinen Reitsachen auf der Bank. Während er schimpfend nach seiner Kappe fahndete, huschte ich in Gamasches Box.
Mit beiden Händen drückte ich auf die Tuben und verteilte den Inhalt satt und dick auf dem Sattel. Mit der ganzen Handfläche rieb ich alles gleichmäßig bis an den Rand. Mußte ich nicht das Bundesverdienstkreuz dafür kriegen, daß ich so für unsere Gamasche kämpfte?
Gamasche drehte sich irritiert um, schnupperte und flehmte mit hochgezogener Oberlippe. Der Geruch von Lösungsmitteln behagte ihr nicht. Ich wedelte den verräterischen Duft weg.
Fertig.
Nichts wie raus aus der Box und nach draußen, wo Jochen, Astrid und Jenny sich aus Alibi-Gründen mit Schaufeln und Eimern bewaffnet hatten. Ich konnte im Moment nichts anfassen, weil ich den Klebefilm erst von den Händen rubbeln mußte.
Wir verschwanden auf dem Paddock neben der Reithalle. Hier konnten wir vortäuschen, den Sand von Pferdeäpfeln zu befreien. Eine Beschäftigung, die der Chef höchst gerne sah, und die wir höchst ungern ausführten.
Natürlich wollten wir nicht arbeiten, sondern durch die große Brettertür nach innen linsen und das Schauspiel live miterleben. Jochen legte sein Ohr an die Hallenwand und lauschte angestrengt.
Plötzlich machte er uns mit der Hand ein Zeichen.
„Er steigt auf", flüsterte er , „ich höre sein Ächzen."

Jetzt hielt uns nichts mehr auf dem Paddock.
Wir stürmten zur großen Tür und legten uns flach auf die Pflastersteine davor. Unten hatten sich die Bretter gelöst, so daß man durch die Spalten nach innen sehen konnte. Ich legte meine verklebten Hände an die Schläfen, um die Sonne abzuschirmen. Gut! Herr Renneisen saß mit allen Kindern auf den „Zeugen"-Bänken.
Noch ging Dr. Schlumberger Schritt.
Aber er wackelte bereits leicht nervös mit den Hüften. So, als würde er sich gern anders hinsetzen, es aber nicht konnte. Er konnte ja wirklich nicht. Trotzdem schien er noch keinen Verdacht zu schöpfen. Nach fünf Minuten trabte er an. Die ersten Zeichen von Panik zeigten sich auf seinem dicken Gesicht. Ich spürte Genugtuung.
„Aber Herr Dr. Schlumberger", der vorwurfsvolle Zuruf des Chefs war wie Musik in unseren Ohren. „Leichttraben. Das Pferd ist doch noch völlig verspannt!"
Verzweifelt mühte der Schulrat sich ab, seinen breiten Hintern anzuheben. Selbstverständlich ohne Chance.
„Ich komme nicht aus dem Sattel", klang es kläglich von Gamasche.
„Mann, dann müssen Sie in Zukunft mehr Gymnastik machen." Wenn Herr Renneisen sah, daß jemand seine Pferde schlecht behandelte, kannte er weder Freund noch Feind.
„Ich kann wirklich nicht."
Leise vor sich hin fluchend starrte der Chef auf den unförmigen Schulrat, der inzwischen die Farbe einer reifen Aubergine angenommen hatte.
„Ich glaube, ich klebe fest!"
Die Kinder unterbrachen das Satteleinfetten. Eins nach dem anderen stand auf und lehnte sich interessiert über die Bande. Kichernd verfolgte der Ferienkurs den zähen Kampf des Schulrats. Barbie kicherte auch, aber unauffällig.
Mit mahlenden Backenknochen stieß Herr Renneisen die Tür zur Reithalle auf. Mit einem Griff in die Zügel brachte er

Gamasche zum Stehen. Der Chef stellte sich neben ihren Sattel und schob das linke Bein von Dr. Schlumberger nach hinten. Das ging aber nur bis zum Knie.
Ich versuchte, eine andere Position auf dem Pflaster einzunehmen. Die Steine drückten gegen meine Rippen. Herr Renneisen senkte jetzt den Kopf und schnüffelte am Sattel. In diesem Moment roch er die Lösungsmittel und wußte Bescheid. Triumphierend blickte ich nach links zu Jochen und nach rechts zu Jenny und Astrid.
Der Chef brüllte unsere Namen.
Wir bewaffneten uns mit Mistgabeln, Spaten und Besen und gingen schwer bepackt und mit Unschuldsmienen in die Halle.
„Bringt sechs Strohballen und die Trittleiter her", ordnete der Chef an. Wir stellten keine Fragen und schafften ihm das Rettungsmaterial vor die Füße.
„Rechts und links neben Gamasche aufstapeln", befahl er mit Gallenbittermiene und übergab Jochen Gamasches Zügel. Herr Renneisen stieg drei Stufen hoch, umfaßte die Schulrat-Massen und versuchte, sie zu bewegen. Aussichtslos.
„Wenn Sie fallen, dann landen Sie weich auf dem Stroh", knurrte er.
„Mein Gott, nehmen Sie doch einfach den Sattel ab", dröhnte der Schulrat.
„Mit Ihren zwei Zentnern obenauf?" Herr Renneisen schnappte nach Luft wegen soviel Dummheit. „Da kippen Sie das Pferd ja gleich mit um."
Er verlangte nach seinem scharfen Universalmesser. Als Jochen es aus dem Werkzeugschrank geholt hatte, säbelte er damit an der Klebeschicht zwischen Sattel und Schlumbergers Reithose herum.
„Daß Sie mich ja nicht treffen", jaulte Schlumberger.
Die Adern an Herrn Renneisens Schläfen schwollen an. Gefährlich! Unvermittelt ließ er das Messer sinken und sprang von der Leiter ins Sägemehl.

„Ich fürchte, es gibt nur eins.“ Er wischte sich die Hände an seinem Hemd ab. „Sie müssen aus Ihrer Hose heraus.“
Täuschte ich mich, oder klang da eine gewisse Schadenfreude mit?
„Nicht vor den Mädchen!“
Mit einer energischen Kopfbewegung schickte der Chef uns und die Kinder auf der Tribüne weg. Nur Jochen durfte bleiben. Wir sollten Almi inzwischen holen.
Nachdem wir Almi Bescheid gesagt hatten, rannten wir wieder vor unsere Außentür. Auf dem Bauch liegend, plazierten wir uns vor die besten Aussichtsritzen in den Holzlatten. Auf keinen Fall wollten wir uns den Höhepunkt entgehen lassen!
Krümel war lange vor Almi in der Halle, sauste mit einem Satz auf die Strohballen und sprang begeistert bellend an den wehrlosen Schulrat-Beinen hoch. Wahrscheinlich hielt der Terrier Dr. Schlumberger für Jagdbeute – und so etwas ähnliches war er ja auch.
„Werft die Töle ´raus!“ zeterte Schlumberger wütend.
„Ganz ruhig, Mann!“ Almis Augen blitzten kampfbereit. Seinen Krümel ließ er nicht beleidigen. Schon gar nicht von diesem Schul-Fuzzi.
„Ab, Krümel!“ kommandierte er trotzdem. Sein Hund war gut erzogen und fegte sofort nach draußen. Hechelnd warf er sich neben mir auf den Bauch und bellte unter der Tür her.
„Verrate uns nicht, Krümel“, flüsterte ich beschwörend und klemmte ihn so unter meinen Ellenbogen, daß nur noch seine schwarzen Ohren hervorlugten. Ich durfte doch nicht die dramatische Schluß-Szene verpassen!
Herr Renneisen stand wieder auf der Trittleiter und hielt den Schulrat fest. Almi und Jochen zerrten ihn aus seinen Stiefeln. Dann zogen sie ihn nach hinten über Gamasches Rücken hinweg aus der Reithose.
Peng. Er landete auf dem Rücken im Stroh und zappelte mit seinen weißen Beinen. Stubenhockerbeine.
Da unten sah er plötzlich gar nicht mehr aus wie Schulrat Dr.

Schlumberger, sondern ganz jämmerlich. Ungefähr so erbärmlich wie ich, wenn ich in der Schule an der Tafel stand und die Katheten-Quadrate beim rechtwinkligen Dreieck nicht berechnen konnte.
„Er tut mir leid", sagte Jenny plötzlich. Sie war immer so mitfühlend. Viel mehr als wir.
„Mir nicht", sagte ich entschieden, stand auf und klopfte mir den Staub von der Hose. „Hoffentlich hat er jetzt genug und läßt Gamasche zufrieden."
Eine halbe Stunde später saßen wir vier vor Herrn Renneisens Schreibtisch im Büro und warteten geduckt auf die Abreibung. Diesmal tat der Chef die Sache nicht mit einer Handbewegung ab wie damals bei dem Droh-Schild.
Die ganze Sitzfläche des Sattels war zerstört.
„Damit euch das eine Lehre ist", schimpfte er, „müßt ihr die Reparatur bezahlen. Sonst kriege ich ja nie Ruhe vor euren idiotischen Einfällen."
Herr Renneisen schien ernsthaft zu überlegen, ob er uns nicht hinauswerfen sollte. Stallverbot! Aber wie wollte er wohl die ganze Arbeit ohne uns schaffen? Na also.
Anständig von ihm, daß er uns nicht beim Schulrat verpetzte. Dafür mußten wir ihm versprechen, die Geschichte keinem im Stall zu erzählen. Wir hielten uns daran.
Das Aufarbeiten kostete 520 Mark.
Die Kochlöffel hatten von der Klebe-Nummer Wind bekommen, sich prächtig darüber amüsiert und uns heimlich 200 Mark zugesteckt. So blieben für jeden von uns nur noch 80 Mark zu bezahlen. Sie verlangten aber, daß wir davon nichts Herrn Renneisen sagten.
Lauter Geheimnisse.
Der Chef blieb noch ein paar Tage sehr knurrig mit uns. Ständig schmierte er uns die Sattel-Geschichte wieder aufs Butterbrot und spielte den Empörten.
Aber dann passierte etwas, was uns alles andere vergessen ließ.

6. Yesterday

Jeronimo ist tot.
Die Nachricht traf uns wie ein Peitschenhieb.
Dabei hatte der Tag so gut angefangen. Wir acht Helfer hatten gerade begonnen, den letzten Morgen des Ferienkurs zu feiern. Die Grasböschung am Teich, ganz am Ende der Reitanlage, war geradezu ideal dafür.
Auf zwei abgesägten Baumstämmen standen Pappteller mit Bergen von Salzgebäck und Nußhörnchen. Im kühlen Wasser des Teichs dümpelten unsere Cola- und Orangensaft-Flaschen an langen Stricken. Jochen hatte seine Gitarre mitgebracht und neben sich ins Gras gelegt.
Von weitem sahen wir Frau Leonfeld den Sandweg zu uns herunterkommen. Als sie näherkam, bemerkte ich, wie weiß sie aussah.
Ohne ein Wort zu sagen, setzte sie sich neben Jenny auf die Böschung. Wir wechselten schnelle Blicke untereinander. Keiner von uns wagte, eine Frage zu stellen. Was hätten wir fragen sollen? Sicher ging es Jeronimo wieder schlechter.
Fünf Minuten sagte Frau Leonfeld gar nichts, starrte nur vor sich hin. Minuten, die mir wie eine Ewigkeit vorkamen. Dann brach es aus ihr heraus: „Jeronimo ist tot."
Schluchzend vergrub sie danach ihr Gesicht in den Händen und fing hemmungslos an zu weinen.
Wie erstarrt saßen wir im Gras.
Mein Kopf dröhnte plötzlich, als würde er gleich platzen. Als ob mein Verstand sich weigern wollte, die schreckliche Nachricht aufzunehmen. Der Satz „Jeronimo ist tot" hämmerte hinter meinen Schläfen.
Ich zog mein T-Shirt enger um die Schultern. Trotz der Sonne fröstelte ich auf einmal. Wie konnten die Vögel über mir weiter zwitschern? Weshalb benahmen sie sich so, als sei nichts

geschehen? Jeronimo war gestorben!
Warum verfinsterte sich nicht der Horizont? Jetzt müßten doch Blitze vom Himmel zucken! Die Erde beben! Hagel herunterprasseln! Jeronimo war tot! Für immer und ewig. Wir würden ihn nie mehr sehen.
Ich dachte an Gamasche, Scheich und die anderen – auch sie würden irgendwann sterben. Würden endgültig weg sein aus meinem Leben.
Mir war hundeelend zumute. Ich versuchte, gegen das Gefühl der Hilflosigkeit anzukämpfen, aber der Schmerz breitete sich in mir aus und wuchs zu einer Welle heran, die mich unter sich begrub. Schluchzend legte ich meinen Kopf auf die Knie und weinte und weinte und weinte.
Jochen hatte aus lauter Verlegenheit zu seiner Gitarre gegriffen und zupfte unmelodisch darauf herum. Dann glättete sich die Melodie, und ich erkannte „Yesterday" von den Beatles.
Yesterday ... gestern ...
Ja – gestern war das Leben noch schön gewesen. Ich mußte noch mehr weinen, und Frau Leonfeld auch.
Jochen spielte nun „candle in the wind" und danach „tears in heaven" von Eric Clapton. Fast unhörbar sangen Hanni und Lea mit: „... if I saw you in heaven."
Requiem für Jeronimo.
Hoffentlich gibt es einen Pferdehimmel.
Jenny schob ihre Hand unter Frau Leonfelds Ellenbogen und drückte ihren Arm. Jenny weinte lautlos. Seit der Scheidung ihrer Eltern ging ihr alles besonders nahe.
Frau Leonfeld schluchzte immer noch hemmungslos, als Herr Renneisen zwanzig Minuten später zu uns herunterkam. Es schien ihr unangenehm zu sein, ihm so aufgelöst unter die Augen zu kommen. Mit dem Handrücken wischte sie sich über den Nasenrücken.
„Tut mir leid", schniefte sie und hob hilflos die Schultern. „Sie müssen ja denken, ich bin hysterisch."
Der Chef schüttelte den Kopf und legte den Arm um Wiebke.

„Es gibt nicht viele Anlässe im Leben“, sagte er ernst, „weswegen sich Tränen lohnen. Aber wenn ein Pferd stirbt, ist das bestimmt ein Grund zu weinen.“
Das rechneten wir ihm hoch an. Ich glaube, ihm war die Sache auch viel näher gegangen, als er zugeben wollte.
Der Chef sagte uns dann, daß Jeronimo verblutet war. Er hatte sich am Maul verletzt. Wegen der Blutverdünnungsmittel war die Blutung nicht zu stoppen gewesen. Jeronimo war immer schwächer und schwächer geworden und schließlich einfach zusammengesackt.
„Er hat ganz friedlich ausgesehen“, tröstete uns Herr Renneisen.
Als Frau Leonfeld und der Chef gegangen waren, wollten wir auch nicht länger bleiben. Schweigend packten wir Gebäck, Flaschen und Becher wieder in Leas Picknickkorb. Wer konnte jetzt ans Essen denken?
Mit gesenkten Köpfen gingen wir acht den Sandweg zur Reitschule hinauf. Unterwegs bückte sich Jenny nach Butterblumen, die auf dem Grasstreifen am Rand wucherten.
Unsere Schritte wurden immer langsamer, aber letztendlich waren wir doch am Stall angekommen. Wie von einer unsichtbaren Schranke zurückgehalten, blieben wir stehen. Keiner wollte als erster durch die Türöffnung gehen.
Jenny drückte jedem von uns eine Blume in die Hand.
Ich würde auf keinen Fall die erste sein, dachte ich. Warum mußten wir überhaupt durch den Stall gehen? Man konnte auch den Weg außen herum direkt zum Fahrradstand nehmen. Aber das wäre irgendwie feige gewesen. Schließlich schoben wir uns gegenseitig auf die Stallgasse.
Jeronimo lag noch in seiner Box.
Sie hatten ihn mit Stroh zugedeckt. Auf Zehenspitzen schlichen wir an ihm vorbei und mochten kaum hinsehen. Frau Leonfeld hatte aus Margeriten einen Kranz geflochten und auf das Stroh gelegt.
Jeder von uns warf eine gelbe Butterblume durch die Stäbe

dazu. So konnte man wenigstens das Gefühl haben, würdig Abschied von Jeronimo zu nehmen.
Als wir am nächsten Morgen in den Stall kamen, war er schon nicht mehr da. Die Box war frisch eingestreut. Sein Namensschild hing aber noch an der Tür. Jemand hatte aus dem Punkt über dem „i“ bei Jeronimo ein rotes Herz gemalt.
Um uns abzulenken, beschlossen wir, uns wie wild in Arbeit zu stürzen. Ich konnte es nicht ertragen, wenn mich jemand fragte: „Wo ist denn Jeronimo?“
Jedesmal schnürte es mir dann die Kehle zu, und ich fühlte die Tränen wieder aufsteigen.
Wir wollten richtig schuften und nahmen uns die Boxen vor. Die Pferde holten wir solange heraus und banden sie draußen an einem Schattenplatz an, um sie vor der prallen Sonne zu schützen.
Bis auf den nackten Betongrund räumten wir Box für Box mit Mistgabeln und Schaufeln aus, scheuerten die Böden, karrten zentnerweise Sägespäne als neue Unterlage heran und schütteten zum Schluß frisches Stroh darüber.
Wir arbeiteten wortlos und verbissen. Schon nach einer halben Stunde lief mir der Schweiß von der Stirn, und mein T-Shirt war durchnäßt. Ein Blick auf die anderen zeigte mir, daß es ihnen auch nicht besser ging.
So stumm haben wir noch nie gearbeitet, dachte ich betrübt, während ich mich aufrichtete, um meinen schmerzenden Rücken zu strecken. Nicht mal Astrids Gekicher war heute zu hören.
Bis zum Nachmittag hatten wir alle Schulpferde-Boxen ausgemistet und neu eingestreut. Eine Meisterleistung!
„Arbeit ist die beste Ablenkung.“ Anerkennend nickend schleppte Herr Renneisen eine Kiste mit Cola und Limonade nach draußen und schob sie uns aufmunternd vor die Füße. Wir hatten uns erschöpft und mit hochroten Gesichtern auf die Bank am Paddock fallen gelassen.
Sofort griff ich zu und setzte mir eine kühle Flasche Cola an

den Mund. Ah, das tat gut.
„Wie wär´s, wenn wir am Teich noch etwas für den Reiterpaß trainieren?“ schlug der Chef vor. „Damit dieser traurige Tag einen schönen Abschluß hat.“
Auf dem Pferd, meinte er, hätte man nicht so viel Zeit zum Grübeln wie auf dem Boden.
Als wir zwei Flaschen Cola später mit Gamasche, Scheich, Helena und Feuerstein zum Teich herunterritten, verkündete der Chef ganz nebenbei: „Dr. Schlumberger fährt morgen in Urlaub. Reiterurlaub.“
Während er neben unseren Pferden herging, blätterte er die ganze Zeit in seinem Taschenbuch „Anforderungen für den Reiterpaß in Theorie und Praxis“, und ergänzte dann noch: „Vierzehn Tage Crash-Kurs für seine Tochter.“
Wir horchten auf. Der Hinweis sollte wohl ein Wink sein, daß wir unsere Attacken vorübergehend einstellen könnten.
„Erst danach“, fuhr der Chef fort, „will er sich endgültig entscheiden, ob er Gamasche für sie kauft.“
Das Schulrat-Ungetüm hatte also immer noch nicht die Nase voll! Aber andererseits – war es nicht schon ein Erfolg, daß er nach unseren Kampf-Aktionen zwei Wochen Bedenkzeit brauchte? Vierzehn herrliche Tage blieb er uns vom Hals!
Der dicke Felsbrocken auf meinem Herzen wurde ein bißchen kleiner.
„Gamasche, Mann!“ Freudig klopfte ich der Stute den Hals. „Das wird super.“
Gamasche knurrte nur ein bißchen. Sie konnte gerade nicht deutlicher antworten, weil sie sich im erstbesten Haselnußstrauch festgefressen hatte. Voller Wonne schloß sie die Augen und riß sich mit einer energischen Kopfdrehung einen saftigen Zweig als Proviant ab.
„Das gibt schwere Minuspunkte beim Reiterpaß“, sagte Herr Renneisen vorwurfsvoll. „Du richtest Flurschäden an.“
Pluspunkte sammelte ich dann wieder beim vorgeschriebenen „Durchreiten eines Gewässers“, nämlich unseres Teichs.

Gamasche war die einzige, die ohne Zögern an einer unbekannten Seite hineinstieg und durchtrabte.
Dafür nörgelte Herr Renneisen beim Punkt „Allein von der Gruppe wegreiten" wieder an mir herum. Während die anderen am Teich warteten, sollte ich zum großen Springplatz gehen und den Parcours umrunden. Im Trab.
Gamasche fing aber sofort zu galoppieren an. Die endlose leere Sandstrecke war wirklich wie eine Einladung dazu! Ich ging in den leichten Sitz, und Gamasche wurde schneller und schneller, schnaubte glücklich und jagte im gestreckten Galopp um den Platz.
Aus den Augenwinkeln erkannte ich von meiner fliegenden Stute aus, wie Herr Renneisen sich die Haare raufte.
„Halt sie zurück", schrie er.
Ja, aber wie? Ebenso gut könnte man versuchen, einen Rennwagen mitten in einem Formel-1-Rennen zu stoppen.
„Du hast dein Pferd nicht unter Kontrolle, Karolin Spielberg", brüllte er mir zu.
„Stimmt", brüllte ich fröhlich zurück und erlaubte Gamasche noch eine schnelle Runde, was sie mit dankbarem Schnauben quittierte.
„Durchgefallen", sagte Herr Renneisen finster, als Gamasche von sich aus den Galopp austrudeln ließ. „Du wärst glatt durchgefallen. Das geht nicht, Karo. Du mußt dein Pferd im Gelände jederzeit durchparieren können."
„Könnte ich ja, wenn ich wollte", behauptete ich aufsässig, „aber es machte Gamasche so viel Spaß."
„Erzähl das mal den Richtern", seufzte der Chef.
Die halbe Stunde Training hatte geholfen, uns auf andere Gedanken zu bringen und uns von Jeronimo abzulenken. Es würde ihn ja nicht zurückbringen, wenn wir den ganzen Tag nur klagten. Schließlich mußten wir auch daran denken, daß unsere anderen Pferdefreunde ihr Recht verlangten.
Zum Beispiel Scheich.
Als ich Gamasche nach der Teichrunde in den Stall zurück-

brachte, spielte er wieder den armen, verlassenen Araber, um den sich keiner kümmerte.
Kaum war Jochen aus seiner Box verschwunden, verfolgte Scheich mit schiefgelegtem Kopf und kochend vor Eifersucht, wie ich Gamasches Mähne bürstete. Die Blicke eines angeschossenen Rehs konnten nicht so waidwund aussehen.
„Araberchen", säuselte ich von der anderen Stallseite, „ich komme ja gleich zu dir."
Angewidert drehte Scheich sich weg. Versprechungen, nichts als leere Versprechungen, sagte sein Hinterteil, das er mir provozierend zudrehte.
Ein verrückter Kerl.
Sobald ich mit Gamasche fertig war, ging ich sofort zu Scheich hinüber.
„Komm, wir gehen über den Hof zu den Silage-Ballen", lockte ich ihn und hakte den Strick in seinem Halfter fest. „Daran schnupperst du doch so gerne."
Kaum waren wir draußen, zog Scheich seine unvergleichliche Show „pflegebedürftiger Araber" ab.
Statt normal zu gehen, stolperte er über den Hof, stocherte mit hölzernen Beinen umher. Überall stieß er an, als sei er urplötzlich blind wie ein Maulwurf geworden. Das ganze Pferd war ein einziger Vorwurf.
Wo bin ich? Wer bin ich? Wohin soll ich gehen? Bin ich hier in einer Anstalt?
Scheich schaffte es tatsächlich mal wieder, mich zum Lachen zu bringen.
„Nein, du bist noch nicht in einer Anstalt", grinste ich und kraulte ihm den Mähnenkamm.
Scheich warf mir einen warnenden Blick zu: *Wehe, wenn du mich noch einmal so vernachlässigst.* Erbarmungslos schleifte er mich hinter sich am Strick in seine Box zurück, direkt vor die Futterkrippe. Er leckte sich heftig die Lippen, schnupperte in seinem Trog herum und rammte mir zum Schluß seine Nase in die Rippen.

Das war Scheichs dezente Art anzudeuten, daß ich die Angelegenheit mit einigen Möhren und Äpfeln aus der Welt schaffen könnte.
Jochen lehnte mit dem Rücken in der Boxentür und amüsierte sich über unseren raffinierten Scheich.
„Mit diesem Ausdruck im Gesicht", sinnierte Jochen, „möchte ich ihn in Öl malen lassen."
Ein tiefer Seufzer folgte. Dann riß sich Jochen von dem Stilleben „düster blickender Araber inmitten seines Fußvolkes" los.
„Ich verschwinde", verkündete er. „Sonntag kommt Sam."
Jochen fischte seinen Fahrradschlüssel aus der Tasche. „Und ich sage dir, ich muß noch einiges aufräumen."
Das glaubte ich ihm aufs Wort. Jochen war nicht gerade das, was man unter ordentlich verstand. Sein Zimmer sah genauso wüst aus wie meins. Man konnte es nur auf Stelzen oder mit einem Dschungelmesser durchqueren.
Sam. Ich war wahnsinnig gespannt auf Jochens Austauschschüler.
Er kam aus Plymouth, einer Hafenstadt im Südwesten Englands. Ich kannte die Gegend. Na gut, nicht gerade Plymouth, aber Cornwall. Die Halbinsel lag gleich darüber, und ich hatte sie in unheimlich toller Erinnerung aus unseren letzten Sommerferien. Eigentlich waren wir nur hingefahren, um Mama einen Gefallen zu tun. Aber dann war es für uns alle ein unvergeßlicher Urlaub geworden.
Mama war gerade auf dem Cornwall-Trip, weil sie kiloweise Romane aus der Ecke gelesen hatte. Papa war ganz wild nach dem Kulturerbe dort, und ich nach Dartmoor-Ponys.
In Gedanken saß ich wieder auf meinem torfbraunen Dartmoor-Pony.
Wir donnern über die Heide von Cornwalls Hügelrücken. Vorgebeugt stehe ich in den Steigbügeln, eine Hand in der dichten Mähne. Weit unter uns schäumt der Atlantik, rechts und links leuchtet gelber Ginster. Die Hufe meines Ponys dröhnen

wie Trommelwirbel.
Und über allem der Duft von wildem Thymian.
Ich dachte daran, wie Mama gestrahlt hatte: „Genauso hat es in den Büchern gestanden“. Und wie Papa bis in die Nacht die Statik der frühgotischen Kathedralen berechnet hatte.
Ach, es war rundherum herrlich gewesen. Besonders mit diesen fetzigen Dartmoor-Ponys.
Ich liebte England.
Falls Sam überhaupt ritt, war er sicher ein guter Reiter. In jedem kleinen Nest hatte ich Ponyclubs für Jugendliche gesehen. Sicher war Sammy in irgendeinem Mitglied.
Sorgfältiger als sonst räumte ich alle Pflege-Utensilien in meine Putzbox zurück. Für den Fall, daß Sam ein Ausbund an Ordnung war und meine Sachen einmal gebrauchen wollte.
Übermorgen wußte ich mehr.

7. Sam kommt

Sam ist ein Mädchen. Und was für eins!
Wir trauten unseren Augen nicht, als Jochen dieses löwenmähnige Wesen vor sich auf die Stallgasse schob. Mit einer gekonnten Bewegung warf sie ihre Platin-Haare schräg nach hinten und strich mit der Hand darüber.
Sam steckte in einem knallengen, schwarzen Body und superkurzen Jeans-Shorts. Wie ein Mannequin schob sie ihre Hüfte seitlich vor, stützte eine Hand lässig in die Taille und hauchte: „Hi folks."
„Satanziege", knurrte Almi, „für solche Kleidung braucht man in Deutschland einen Waffenschein."
Krümel knurrte auch.
Ich schluckte bloß. Was wurde hier gespielt? Warum war Sam ein Mädchen?
Automatisch blickte ich an mir herunter. Auf einmal fiel mir auf, daß mein T-Shirt eher einem Wäschebeutel glich. Meine Reithose sah ziemlich dreckig aus. Und meine Turnschuhe, die waren total verlatscht.
Diesen Vergleich mit Sam würde Jochen sicher auch anstellen. Klasse.
„Sie heißt Samantha Paddington", stellte Jochen uns Sam vor. Auch Jenny, Astrid und Paul fiel vor Staunen fast die Kinnlade herunter. Jochen hatte sich hinter Samantha gestellt und zog verlegen seine Schultern hoch. Wohl um mir kundzutun, daß er nichts dafür könne.
„Sie hat sich als Sam eingetragen – darum habe ich sie gekriegt." Mehr sagte er nicht.
Ich konnte mir genau vorstellen, daß bei seinen Eltern die Panik ausgebrochen war, als Sam sich als mannstoller Feger entpuppt hatte. Ihr behüteter Jochen mit so einer unter einem Dach! Bestimmt hatten sie Jochens Bett Hals über Kopf

in den Flur neben ihr eigenes Schlafzimmer gezerrt, wo er jetzt zwei Wochen lang die Nächte verbringen mußte. Eingeklemmt zwischen Schusterpalme und Flurgarderobe.
Samantha Paddington legte neckisch den Kopf zur Seite und lehnte sich an Jochen.
„Oh my God, wie entsetzt deine Eltern geguckt haben", zwitscherte sie, „das war very lustig, my dear Joschi."
JOSCHI! So weit war es also schon.
„Warum hast du dich als Sam eingetragen?" fragte ich sie in einem Ton, der keine Ausflüchte duldete.
„Oh my dear, Daddy ist ein wohlhabender Werft-Besitzer", wisperte dieses raffinierte Biest, „darum war es besser, meinen Namen zu ändern. Wegen Entführungen, you know."
Ärgerlich starrte ich in ihre blitzenden, blauen Augen. Klar, das verstand ich. Sam war ja wirklich eine sehr kluge, falsche Fährte, wenn man Samantha hieß.
Bevor ich zurückzucken konnte, faßte sie mich mit ihrer Werftbesitzerstochterhand an.
„Du bist sicher die kleine Kärau", sagte sie herablassend. „Was ist denn dein Vater, Kärau?"
Die kleine Kärau!
Wie sie Karo aussprach!
„Erpresser von Werftbesitzern", sagte ich kurz und lief nach draußen. Bevor die Gefahr zu groß wurde, in ihr angemaltes Gesicht zu springen.
Wie hatte ich nur Cornwall, ja ganz England jemals schön finden können? Ein schreckliches Land! Wieso erlaubten die Engländer ihren Kindern überhaupt, zwei Wochen mutterseelenallein zu verreisen?
Ich rannte über den heißen Sand des Paddocks, der unter meinen Sohlen sofort Staubwolken aufwirbeln ließ. Ganz hinten verkroch ich mich zu Mistforken und Schubkarren. Ja, hier gehörte ich her. Die kleine Kärau war eben nur ein schmutziges Pferdemädchen.
Hatten wir nicht in den letzten Tagen genug miterlebt? Mit

Jeronimo und Gamasche? Jetzt, wo der Schulrat weg war, hätten wir die Ferien genießen können – und dann das.
Tränen der Wut stiegen in mir hoch. Dieses Luder! Das hatte sie sich fein ausgerechnet! Gab ungeniert einen Männernamen an, um sich in eine Familie mit Jungen einzuschleichen. Und um sich gleich an sie heranmachen zu können.
Joschi! Bitter lachte ich auf. Der fand das Umgarnen auch noch schön, da war ich sicher. Schließlich war Samantha schon 16 wie er. So wie sie aussah, hatte sie schon jede Menge Erfahrungen damit, wie man Jungen um den Finger wickelt.
„Ach, hier steckst du." Herr Renneisen schreckte mich aus meinen Gedanken auf.
Ertappt rappelte ich mich auf. Was mußte er denken, warum ich hier in einem Schmollwinkel saß?
„Jochens Samantha will heute nachmittag mit euch für den Reiterpaß üben", sagte der Chef und kroch hinter meinem Rücken zwischen zwei Karren herum. „Zu Hause hat sie ein Connemara-Pony; sie kennt sich aus mit Geländeritten."
Endlich hatte er eine eingekeilte Schubkarre herausgezogen und richtete sich auf.
„So eine niedliche Engländerin", sagte er augenzwinkernd, „die bringt doch etwas Schwung in eure Gruppe."
Ich warf dem Chef einen vernichtenden Blick zu. Also auch er. Auch er war auf das Säuseln der Sirene hereingefallen.
Ich nahm mir fest vor, heute nicht mitzureiten. Nicht einmal auftauchen würde ich. Jochen sollte platzen vor Gewissensbissen, daß er mir die Ferien mit seiner Paddington verdarb.

Paddington trug Reitstiefel aus feinstem, englischem Leder und saß bombig auf Gamasche.
Wie taktlos von Herrn Renneisen, ihr ausgerechnet Gamasche zu geben, dachte ich wütend. Wo sie doch mein Geländepferd für die Prüfung war.
Von meinem Versteck hinter der dicken Weißdornhecke mußte ich nachmittags mit ansehen, wie Paddington elegant vor

dem breiten Wall zum Sprung ansetzte, wie leichtfüßig Gamasche mit ihr durch den Teich trabte, Tempo zulegte und das nächste Busch-Hindernis nahm wie nichts. Paddingtons platinblonder Haarschopf wehte aufreizend hinter ihr her.
Ich wühlte nach meinem Taschenspiegel, klappte den Deckel hoch und musterte mich sorgfältig. Ob ich mein Haar blond färben sollte? Oder wachsen lassen?
Prüfend nahm ich eine Strähne zwischen Zeige- und Mittelfinger und hob sie an. Seufzend ließ ich das kurze, braune Haar wieder fallen. Wachsen lassen hatte keinen Sinn. Zweimal hatte ich es schon probiert. Aber wegen meiner vielen Wirbel sah ich aus wie Jennys Rosetten-Meerschweinchen, sobald mein Haar über Stehmähnen-Länge hinauswuchs.
Hilfe, der Spiegel rutschte mir weg!
Mit der linken Hand versuchte ich, das runde Gehäuse in letzter Sekunde zu erhaschen. Zweimal konnte ich den Spiegel abfangen, fast hätte ich ihn erwischt, aber dann knallte das Glas doch auf einen Stein und zersprang in 20 Teile.
Zu Tode erschreckt jagte Scheich buckelnd über den Platz und warf Jochen genau vor meiner Nase ab. Stöhnend rieb er sich den Rücken.
„Du hier, Karo?“
Seine Stimme klang verdutzt. Aus seiner Bodenlage äugte mein Ex-Traumprinz zu mir durch die Hecke.
Hektisch raffte ich meine Sachen zusammen und sprang auf.
„Ich bin verabredet.“
Hastig schnappte ich mein Fahrrad. „Mit wem?“ rief Jochen mir verblüfft hinterher, aber meine Antwort war nur ein geheimnisvollen Lachen. Sollte er doch nächtelang wachliegen und grübeln, wer Karolin Spielberg den Hof machte. Das geschah ihm recht.
Astrid war immer dabei, wenn es darum ging, jemandem einen Denkzettel zu verpassen. Jochen hatte einen verdient, das fanden wir beide. Er hätte Paddington gleich wieder wegschicken müssen, da pflichtete mir Astrid hundertprozentig

bei. Statt dessen kreuzte er mit ihr im Stall auf.
Nun war Astrid etwas Gutes eingefallen! Um kurz vor sieben rief sie mich deswegen schon am nächsten Morgen an und machte sich sofort auf den Weg zu uns.
Als wir zu meinem Zimmer hochgeklettert waren, sah sie sich erst nach allen Seiten um, bevor sie den Brief aus der Tasche zog, den sie gestern bekommen hatte. Neugierig faltete ich ihn auseinander.
„Hi Astrid“, stand da, „meine Eltern sind drei Tage weg. Wir feiern eine Endlos-Fete. Täglich ab 20 Uhr. Kommst du? Bitte!!! Christopher.“
Zufrieden nickte ich. Genau richtig als Vorlage.
Ich deckte „Astrid“ mit einem Aufkleber ab, auf den ich „Karo“ schrieb und fotokopierte den Brief heimlich in Papas Arbeitszimmer.
Astrid stand gewissermaßen in meiner Schuld. Weil ich keinem verriet, daß sie abends bei Christopher war statt bei mir.
Sorgfältig steckte ich den Brief so in meine Reitweste, daß er ein wenig aus der Seitentasche lugte.
Astrid begutachtete die Wirkung von der Seite und schüttelte ihre blonden Locken.
„Nein, so sieht man nicht genug von dem Brief.“
Ich holte einen Hufkratzer aus meiner Putzbox und packte ihn als Sockel auf den Taschengrund. Dann faltete ich den Briefbogen so zurecht, daß man jetzt deutlich lesen konnte: „Hi Karo, meine Eltern sind drei Tage weg.“
Zufrieden fuhr ich mit Astrid in den Stall. Das mußte Jochen doch stutzig machen! Und es sollte tatsächlich klappen.
„Er hat ihn herausgenommen“, flüsterte Astrid mir mittags zu, „und gelesen.“
Sie hatte den Beobachtungsposten an der offenen Luke auf dem Dachboden übernommen und nur auf die Reitweste gestarrt, die ich an einen Haken gehängt hatte.
Gut, dann konnte ich heute abend zuschlagen ...

Dieser verflixte Lidschatten.
Ich ließ die Hand mit dem kleinen Wischer sinken und rubbelte mir die Augenlider mit einen Papiertaschentuch wieder ab. Zum dritten Mal. Angestrengt blinzelte ich in den großen Badezimmerspiegel und setzte erneut an. Ganz vorsichtig von innen nach außen pinseln.
Ich ging drei Schritte zurück und kontrollierte mein ungewohntes Spiegelbild. Diesmal sah es gut aus, stellte ich fest. Jadegrüner Lidschatten. Der Lippenstift in mattrosa paßte hervorragend dazu. In meinem engen, schwarzen T-Shirtkleid sah ich richtig erwachsen aus, fand ich.
Kritisch ließ ich meine Blick noch einmal über mein Gegenüber im Spiegel schweifen. Irgendetwas fehlte noch.
Ich stellte mich auf die Zehen und lugte auf die hohe Fensterbank. Seit ich mich erinnerte, lag Mamas Lieblings-Ohrring da. Ein antikes Silbergebilde, das Papa ihr vor Urzeiten aus Paris mitgebracht hatte.
Mama sammelte alten Schmuck. Hoffentlich hat sie den anderen gut versteckt, dachte ich. Seit Wochen war nämlich ein Serien-Einbrecher unterwegs, der Jagd auf so etwas machte.
Ich clipste den Anhänger an mein linkes Ohr. Optimal!
Jochen würde Augen machen.
Leise schlich ich die Treppe herunter und zog die Haustür vorsichtig hinter mir zu.
Gleich 20 Uhr. Jochen hatte in dem Brief gelesen, daß um diese Zeit Christopher auf mich wartete. Natürlich hatte er keine Ahnung, wer Christopher war und wo er wohnte.
Jochen wußte aber, daß ich von uns aus in jede Himmelsrichtung – außer zum Stall – immer zuerst durch seine Straße fahren mußte. Also würde er am Fenster liegen und warten.
Mit Mühe gelang es mir, mich mit verrenkten Knien auf den Fahrradsattel zu schieben.
Meine Güte, war das Kleid eng! Nur mit großer artistischer Leistung kam ich an die Pedale heran. Fürs Fahrrad war das Kleid eindeutig nicht gemacht. Vorsichtig blickte ich mich um.

Hoffentlich sah mich kein Nachbar.
Fünf Minuten später bog in ich den Wulfsdorfer Weg ein. Nummer 10, 12, 14 – da kam endlich Nr. 16 in Sicht. Jochens Haus lag etwas zurück. Aber ich wußte, daß er vom Fenster im Flur, wo er wegen Paddington campieren mußte, gut die Straße überblicken konnte. Und ich müßte ihn eigentlich auch entdecken. Wieso pochte mein Herz bloß wie verrückt? Es gab doch gar keinen Grund.
Dreimal mußte ich um den ganzen Block fahren, bis mich Jochen endlich sah.
Er winkte mir zu, aber ich wandte eilig mein Gesicht ab, als ob er mich bei etwas Verbotenem ertappt hätte. Das abrupte Kopfwerfen hatte ich vor dem Spiegel sehr sorgsam einstudiert. Das war gelungen!
Verhalten jubilierend hämmerte ich drei Häuser weiter auf den Lenker ein.
Jawohl, junger Mann! Karolin Spielberg ist erwachsen, feiert wilde Feten und hat unbekannte Freunde! Geh doch dahin, wo der Pfeffer wächst mit deiner Paddington-Pflanze!
Jetzt ritt mich leider der Teufel.
Alles hatte so reibungslos geklappt. Da konnte ich mir einen weiteren Schlenker an Jochens Haus vorbei erlauben, dachte ich. Nur, um sicher zu sein, daß er hinter mir hergelaufen war.
Ich drehte um und bog auf den schmalen Fußweg auf der anderen Straßenseite ein. Durch die dichten Holunderbüsche würde er mich bei meiner Geschwindigkeit kaum erspähen – aber ich ihn.
Flach über dem Lenker liegend raste ich über den unebenen Gehweg und hielt angestrengt Ausschau. Ich mußte mich weit zur Seite beugen. Zu weit.
Als ich mich auf dem Bauch liegend im dichten Unterholz wiederfand, wußte ich im ersten Moment gar nicht, was passiert war.
Mein Kopf brummte, mein rechtes Auge tat lausig weh, und meine Arme bluteten.

Dann sah ich vor mir das runde Schild „Radfahren verboten“ und mein schönes Fahrrad in einer etwas gewöhnungsbedürftigen Form um den Schildermast gewickelt.
Im nächsten Moment fühlte ich, wie mich jemand aufhob.
Jochen! Er sah zu Tode erschrocken aus. Trotz meines Brummschädels registrierte ich das mit Freude.
„Warte, ich hole Verbandszeug.“
Rasch rannte er nach Nr. 16 zurück, während ich kläglich an einem Holunderbusch lehnte.
In einer Minute war er mit einem Erste-Hilfe-Kasten und einem Päckchen Tiefkühl-Spinat wieder da.
„Für dein Auge“, sagte er voller Sorge und legte mir das eiskalte Paket an die Schläfe. „Eis hatten wir nicht.“
Spinat am Kopf. So endete mein großer Auftritt. Kein Spur mehr von verführerischer Lady. Ich sah schlimmer aus als sonst.
„Wie ein kleiner Vogel, der aus dem Nest gefallen ist“, meinte Jochen ziemlich liebevoll.
Eine Spinatwachtel???
Merkwürdigerweise fragte mich Jochen auf dem Nachhauseweg nicht, was ich eigentlich an diesem Abend vorgehabt hatte. Ärgerlich, denn ich hatte mir schon wilde Phantasie-Erzählungen von ausschweifenden Endlos-Feten zurechtgelegt.
Papa machte einen Riesentanz, als Jochen vor der Tür auftauchte, in einem Arm die zugepflasterte Spinatwachtel, in dem anderen das eingerollte Fahrrad.
„Was hast du mit meiner Tochter gemacht?“ fuhr er Jochen an. „Papa“, stoppte ich ihn so cool, wie es meine Schmerzen zuließen. „Er kann nichts dafür.“
„So? Wer denn?“
„Christopher“, konnte Jochen sich nicht verkneifen zu sagen.
„Christopher?“ Peinlich, diese Brüllerei. „Wer ist der Kerl?“
Papa spielte seine Lieblingsrolle – den Erziehungsberechtigten. Klar, das war nichts für seine eifersüchtige Vaterseele, plötzlich zu entdecken, daß sein einziges Kind noch etwas

anderes im Kopf hatte als Pferdeäpfel.
Papa war völlig außer sich.
„Wenn ich den zu fassen kriege."
Er tobte noch ein paar Minuten auf dem Flur herum wie Dr. Schlumberger nach dem Drohschild, dann stutzte er auf einmal und ging einen Schritt zurück.
„Wie siehst du überhaupt aus?"
Aufgebracht zupfte er an meinem engen, leider etwas schmutzigen Kleid herum.
Ja, wie sah ich überhaupt aus? Wie sollte ich ihm das Ausgeh-Make-up erklären und Mamas Ohrring?
„Echt stark", murmelte Jochen, bevor mein angeschlagenes Kleinhirn eine glaubwürdige Antwort gebastelt hatte.
Auf einen Schlag waren meine Schmerzen weg. Verschwunden! In Luft aufgelöst!
Oh Jochen, mein Traumprinz ...
Auf der Stelle war ich bereit, ihm alles zu verzeihen. Aber eine Zehntelsekunde später warnte mich mein scharfer Verstand, daß diese spontane Reaktion voreilig sei. Sollte er ruhig noch etwas schmoren. Schließlich blieb Paddington noch eine Weile und würde ihn weiter umgarnen. Erst mal abwarten, ob Jochen sich auf die Dauer als haltloser Junge entpuppte oder als standhafter Mann.
„Mein Gott, Andreas." Mama mischte sich wie ein rettender Engel ein, während sie mir die Arme mit einem feuchten Handtuch abtupfte. „Sie wollte bei Astrid neue Anziehsachen ausprobieren."
Mama hob meine Ellenbogen etwas an und trug behutsam die gleiche desinfizierende Salbe auf, die wir auch für die Pferde nahmen. „Das habt ihr doch früher sicher auch in dem Alter gemacht."
Glaubte Mama das mit Astrid wirklich? Oder wollte sie mich nur vor dem Haushaltsvorstand in Schutz nehmen?
„Ich habe nie schwarze Kleider und grünen Lidschatten getragen", stellte Papa mit Nachdruck richtig. Die Vorstellung, daß

er durch Mamas Erinnerungen als 13jähriger mit Minirock und Ohrring geisterte, malte blankes Entsetzen auf sein Gesicht. Er sah so komisch aus, daß wir alle lachen mußten.
Ich war heilfroh, daß Papa sich davon anstecken ließ und nicht mehr auf Christopher herumhackte.
Als ich später auf unserem schwedischen Segeltuch-Sofa lag, fühlte ich mich behaglich wie eine Katze in der Sonne. Dunkelblaues Dämmerlicht schummerte durch unsere Sprossenfenster. Mama stellte zwei duftende Bienenwachskerzen davor und zündete sie an.
Wohlig schnurrend rollte ich mich in meinem weichen Jogging-Anzug auf dem Sofa zusammen. Aus eigenem Antrieb hatte Papa Cappuccino zubereitet. Als Entschuldigung für seinen unpassenden Anfall. Aus dickbauchigen Tassen dampfte es vor uns auf dem alten Kieferntisch.
Ich lehnte mich über die Tischplatte und angelte mit der Zungenspitze gedankenverloren nach den Schokoladenflocken in meiner Tasse. Echt stark, hatte Jochen gesagt.
„Und danach war sie fünf Jahre im Internat, in so einem vornehmen Mädchenbau", drangen Jochens Worte wie durch Watte an mein Ohr.
Ah, es ging um Paddington! Sofort war ich hellwach.
„Dann entdeckte ihr Vater plötzlich, daß sie mehr Nähe zum gemeinen Volk brauchte." Jochen schlürfte genüßlich seinen Cappuccino. „So hat er sie kürzlich in eine normale Schule gesteckt." Deswegen!
Jahrelang hatte sie hinter Internats-Mauern geschmachtet und war Jungen nur in schmutzigen Romanen begegnet. Das erklärte manches, dachte ich erleichtert. Aber die Tatsache beunruhigte mich auch. Hörte man nicht immer wieder davon, wie solche eingesperrten Mädchen sich hemmunglos ihren Trieben hingaben, sobald sie von der Kette gelassen wurden? Ja, das konnte ihr so passen, sich gleich den süßesten Jungen von ganz Norddeutschland zu schnappen.
Ich lachte säuerlich auf. Die drei sahen mich erstaunt an.

„Mein Arm“, schwindelte ich rasch, „die Wunden brennen.“
Meinetwegen konnte Paddington die Männer reihenweise verführen – aber bitte nicht Jochen. Schließlich waren ja noch 20 andere Jungen in seiner Klasse.
Jochen ließ dann ganz nebenbei einfließen, daß er keine große Lust habe, Paddington noch häufiger mit in den Stall zu bringen. Ich frohlockte innerlich. Ob das schon der segensreiche Einfluß von Christophers Geist war?
Papa beharrte darauf, daß ich einige Tage zu Hause blieb.
Meine brachliegende Stall-Energie, meinte er, könnte ich bei der Gelegenheit in geistige Arbeit umsetzen. In sinnvolle. Er verstand darunter die Auseinandersetzung mit höherer Mathematik.
Körbeweise schleppte er mir Psycho-Mathebücher heran.
Verlogene Titel wie „Unser Kind lernt spielend Mathematik“ und „Logisch denken können ist schön“ und „Mathe mit Vergnügen“ sahen mich höhnisch an.
Lustlos blätterte ich in den Büchern und fand die Tatsache bestätigt, vor der Papa die Augen verschloß: Mathe und Spaß sind natürliche Feinde. Aber Erwachsene haben einfach keinen Blick für die Realität.
Erstaunlicherweise erwies sich der Karolin-Spielberg-Körper als strapazierfähig.
Von meinen Blessuren war bereits nach zwei Tagen kaum noch etwas zu sehen. Das blaue Auge schob ich offiziell Scheich in die Schuhe. Für diese Rufschädigung entschädigte ich ihn mit seinen geliebten Bio-Möhren.

8. Ein Wahnsinns-Picknick

Natürlich würde es nicht einfach werden, den Chef zu überzeugen.
Andere hatten es auch schon mehrfach versucht und waren gescheitert. Sogar Erwachsene vom Schlage eines Schlumbergers hatten bei Herrn Renneisen Schiffbruch mit ihrem Vorstoß erlitten. Obwohl sie die Sache mit einer Hartnäckigkeit verfolgt hatten, die an Unverschämtheit grenzte.
Und nun wir.
War es denn tatsächlich so ein unglaubliches Ansinnen, das wir an ihn stellten?
Wir wollten seine kostbaren Pferde doch nicht für Mächtigkeitsspringen einsetzen. Oder Jagdrennen veranstalten. Ein kleiner, unschuldiger Ausritt – nur Jochen, Astrid, Jenny und ich. Mehr nicht. Allerdings ohne die Begleitung von Herrn Renneisen. Und das war der springende Punkt.
Der Chef hütete seine Schulpferde wie rohe Eier. Grundsätzlich durfte niemand ohne ihn oder Almi ins Gelände ausreiten.
„Aus Sicherheitsgründen", behauptete er. Früher hatte er das ein paarmal erlaubt, und jedesmal war etwas passiert.
Logisch, da brauchte ich mir nur unsere dumpfen Erwachsenen anzugucken!
Denen sah man ja schon aus einer Entfernung von zehn Pferdelängen an, daß sie zur Selbstüberschätzung neigten und ohne führende Hand leichtsinnig wurden.
Aber doch nicht wir. Wir, die Elite des Stalls, hatten weiß Gott immer alles im Griff.
„Immerhin, Herr Renneisen", Jochens Stimme klang tief und erwachsen, „ich bin 16 und komme in die Oberstufe."
Die Oberstufe sei kein sicherer Hinweis für Charakterstärke, erwiderte der Chef voller Ironie. Und das Festkleben von

Schulräten zeuge nicht gerade von innerer Reife.
Typisch, daß er jetzt wieder die uralte Geschichte aus der Mottenkiste holte. Aber er hatte nicht mit unserer Sturheit gerechnet. Wenn wir etwas durchsetzen wollten, konnten wir vier uns zu wahren Nervensägen entwickeln. Jeder sägte an Herrn Renneisens Nervensträngen genau dort, wo er die empfindlichste Stelle vermutete.
Astrid traf schließlich den wunden Punkt.
„Wie sollen wir denn in drei Wochen die Reiterpaß-Prüfung machen", beschwerte sie sich, „wenn wir nie alleine im Gelände waren?"
Der neue Richter, beteuerte sie, würde jeden Reitschüler nach seiner Geländeerfahrung ohne Reitlehrer fragen. „Jedenfalls war das bei meiner Freundin so", flunkerte sie. „Er läßt bei der Prüfung viele Strecken einzeln reiten. Dabei würden wir doch alle durchfallen."
Ich konnte deutlich sehen, wie es in Herrn Renneisens Kopf arbeitete. Den neuen Richter kannte er nicht. Sollte er sich vor ihm mit uns Gelände-Schwächlingen blamieren?
Zögernd stimmte der Chef schließlich zu. Unter zwei Bedingungen. Erstens sollte die Sache im Stall wie ein Staatsgeheimnis gehütet werden. Zweitens müßten wir unbedingt auf den Reitwegen bleiben.
Mit Teil eins hatten wir keine Probleme – aber Teil zwei.
Auf den Reitwegen bleiben! Wie Säuglinge! Was mutete er uns zu? Wir träumten davon, den verbotenen Hügel vor dem Lindenhof am Wald hinaufzugaloppieren, dann in die Lichtung dahinter abzubiegen und dort mit den Pferden ein cooles Picknick zu machen. Schon seit letztem Jahr spukte der Picknickgedanke durch unsere Köpfe.
Auf den Wegen bleiben!
Was wollte er – seine Pferde zu Tode langweilen? Brauchten sie nicht Abwechslung? Neue Anregungen? Las man nicht in Fachzeitschriften davon, daß Pferde besser mitarbeiten, wenn man ihren Horizont erweiterte?

Dankbar sollte er uns sein, beschwichtigte ich mein schlechtes Gewissen. Herr Renneisen müßte glücklich auf Knien vor uns rutschen, daß wir seinen Pferden die Welt zeigten.
„Der Chef wird maßlos enttäuscht sein, wenn er davon Wind kriegt", befürchtete Jenny.
Sicher würde er das sein. Toben würde er.
„Quatsch", schmetterte Astrid in ihrer gewohnten Art alle aufkeimenden Bedenken ab, „wie soll er es je erfahren?"
Natürlich durften wir Herrn Renneisen keine Chance geben, sein „Ja" zu überdenken. Gleich am nächsten Morgen wollten wir zuschlagen.

Der Tag versprach heiß zu werden. Unsere Margeriten und Hortensien ließen schon morgens die Köpfe hängen, als ich mit superdünnem T-Shirt zum Stall abfuhr. Meine Gummistiefel mußten vor der Tür bleiben und schwitzen. Mehr als Stoff-Turnschuhe wollte ich heute nicht anhaben.
Jochen war schon in aller Herrgottsfrühe mit ausgebeulten Fahrradtaschen zweimal zwischen seinem Haus und der Lichtung hin- und hergefahren. Unser Platz im Wald mußte inzwischen einem mittleren Warenhaus gleichen – in einer Hängematte stapelten sich unter zehn flachen Kühlelementen Cola-Dosen, Orangensaft-Packungen, Tüten mit belegten Brötchen, Chips, Erdnüsse, Gummibärchen, Negerküsse, Schokolade. Außerdem ein kleiner Sack Möhren für die Pferde, vier Halfter und vier Anbindestricke.
Wo Jochen nur blieb? Es war doch schon zehn Uhr!
Ich hatte Bauchschmerzen. Vor Aufregung? Oder vor freudiger Erwartung? Ich wußte es nicht.
Der Chef bestand darauf, daß wir unsere Pferde zum Teich führten und erst dort aufstiegen.
„Eure Sonderbehandlung muß ja nicht jeder mitkriegen", sagte er. Und: „Daß ihr mir keine Schande macht!"
Mir hatte er diesmal Scheich gegeben, Jenny Gamasche, Astrid die schöne Helena. Jochen sollte Sir Toby nehmen. Er

hätte die meiste Kraft, um den etwas faulen Braunen vorwärtszutreiben, meinte Herr Renneisen. Feuerstein sollte nicht mit. Obwohl er alt war, konnte er im Gelände ein Tempo vorlegen, das kaum zu stoppen war.

Ungeduldig rutschten wir auf unseren Sätteln herum und versuchten, durch den Vorhang der Haselnußblätter Jochen zu erspähen.

Endlich! Sir Tobys Mähne blitzte durch die Zweige. Und dahinter – ein ungläubiges „Nein“ rutschte mir heraus. Wütend biß ich mir auf die Lippen.

Paddington!

Er hatte Paddington mitgebracht. Zu unserem Picknick! Frech saß sie hochaufgerichtet auf Feuerstein. Alles war verdorben!

„Hätte ich gewußt, daß sie mitkommt“, zischte ich Astrid zu, „wäre ich lieber zu Hause geblieben!“

Und dann auf Feuerstein. Wahrscheinlich hatte sie unseren Chef wieder total zugeschnurrt. Wie erfahren sie mit ihrem blöden Connemara-Pony im Gelände sei!

Schweigend machte ich mit Scheich eine Vorhandwendung und reihte mich hinter Gamasche ein, ohne Jochen eines Blickes zu würdigen. Bleib cool, sagte ich mir, noch ein paar winzige Tage, und sie ist wieder auf der England-Fähre. Verschwunden für immer. Forever.

„Angaloppieren!“

Nach der ersten Schritt- und Trabstrecke entlang der Baumallee waren wir auf der Sandstrecke zwischen den Weizenfeldern angekommen.

Wofür brauchten wir Herrn Renneisen? Jenny und Gamasche machten ihre Sache als Vorreiter genauso gut.

Scheichs feine Seidenmähne flog vor mir, seine Ohren waren konzentriert nach vorne gerichtet. Unser Araber fühlte sich wohl, das konnte man richtig fühlen. Schnaubend legte er noch etwas Tempo zu. Herrlich, wie man im Galopp abkühlte.

Auch meine Wut war etwas abgekühlt. Komisch, auf einem Pferderücken konnte man sich nie lange ärgern.

Schon kam die verbotene Strecke den Hügel hinauf in Sicht. Jenny sicherte nach allen Seiten wie ein Reh, bevor es eine Lichtung betritt. Konnte uns niemand auf dem Pfad der Untugend erwischen? Kein Mensch war zu sehen. Die Hitze hatte selbst die üblichen Himbeerpflücker ferngehalten. Nur zwei Kaninchen hoppelten vor uns über das Gras.
„Also los."
Jenny winkte uns mit dem Arm, nachzukommen. Prustend und schnaubend galoppierten die fünf Pferde den unbekannten Weg hoch. Gleich würde Scheich seine Extra-Show abziehen und buckelnd an den anderen vorbeigaloppieren. Ich kannte doch meinen kleinen Halunken.
Scheich fing an zu buckeln und überholte Gamasche, die ebenfalls sofort schneller wurde.
„Ich liege vorne", brüllte ich Jenny zu und übernahm knapp die Führung.
„Nicht mehr lange", schrie sie ausgelassen zurück.
In einem dramatischen Finish bogen beide Pferde um die Ecke zur Lichtung ein. Das war stark, ohne die Oberaufsicht des Königs zu reiten!
Vor der Hängematte sprangen wir von den Pferden, nahmen die Trensen ab und legten ihnen die Halfter um. Aber wir hatten nur vier – Paddington machte wirklich nichts als Ärger. Aufreizend langsam und vorwurfsvoll brummend schnallte ich Scheichs Zaumzeug auseinander und machte aus dem Martingal einen Halsriemen.
So, das würde zum Anbinden für eine Stunde wohl reichen. Ich schloß die Schnalle und reichte Paddington das Lederstück herüber. Dabei streckte ich meinen Arm lang aus, so als ob sie eine ansteckende Krankheit hätte.
Aber für Feuersteins Hals war der Riemen zu kurz. Er paßte gerade um Scheichs schmalen Hals. Verwünschungen murmelnd gab ich mein Halfter an Paddington und legte Scheich den Ersatzriemen an.
Wir banden die Pferde an den Zweigen einer uralten Eiche

an. Schöner Schatten und saftiges Gras – das würde ihnen gefallen. Jochen hängte sich zur Probe an jeden einzelnen Ast.
„Hält", nickte er zufrieden.
Genau gegenüber suchten wir uns einen Schattenplatz auf einem umgestürzten Baumstamm. Wie die Hühner saßen wir aufgereiht nebeneinander.
Nur nicht in die Nähe von Paddington! Ich entschied mich für ein Fleckchen am äußersten Ende, damit ich weder sie noch Jochen beim Essen ansehen mußte. Hunger hatte ich sowieso nicht. Die Angeber-Stiefel aus englischem Leder schoben sich weit nach vorne und verdarben mir den Appetit.
Paddington warf Cookies unters Volk. Mit Schokolade. Meine Lieblingskekse. Aber natürlich nahm ich keins. Wäre ich doch bloß nicht ...
Den Gedanken konnte ich nicht zu Ende denken.
Warum das alles passiert war, konnte hinterher keiner mehr sagen. Ein ungewohntes Geräusch vermutlich.
Urplötzlich gerieten unsere Pferde in Panik.
Angstvoll röchelnd schreckte Gamasche hoch. Helena und Sir Toby rissen wie verrückt an ihrem Halfter. Scheich versuchte in einem verzweifelten Kampf, seinen Kopf aus dem Halsriemen zu zwängen.
Feuerstein war der erste, der freikam. Natürlich hatte die kluge Paddington ihn nicht ordentlich angebunden, ging mir sofort wütend durch den Kopf.
Wie von Sinnen stürmte Feuerstein davon. Als das Leitpferd nicht mehr zu sehen war, verloren die anderen vollends den Verstand. In ihren Augen stand die nackte Angst – fliehen, fliehen, fliehen!
Scheich schaffte es als nächster. Kurz danach rissen Helena, Gamasche und Sir Toby mit ungeahnten Kräften die Zweige vom Baum und hetzten den anderen hinterher. Der federnde Waldboden schluckte die Geräusche der Hufe im Nu auf.
Vorbei.

Nach wenigen Sekunden war der Spuk vorüber.
Eine unheimliche Stille umgab uns. Nur das Feld der Verwüstung aus abgebrochenen Zweigen, zertretenen Blättern und aufgewirbelter Erde erinnerte an die Katastophe.
Vor Entsetzen waren wir wie gelähmt. Keiner von uns hatte in das Chaos eingegriffen. Meine Gedanken überschlugen sich.
Jochen gewann als erster die Fassung wieder.
„Hinterher", rief er. Ich sah seinem entsetzten Gesicht an, daß er in einer Zehntelsekunde begriffen hatte, welche Folgen diese Sache haben würde.
Ohne nachzudenken, rannte ich mit ihm und Paddington in den Wald und weiter auf den Sandweg am Weizenfeld. Astrid und Jenny trennten sich am Hügel.
Keine Spur von den Pferden.
Ich rannte und rannte. Mein Kopf dröhnte. Gleich würde ich einen Hitzschlag kriegen, dachte ich beim Laufen.
„Au! So ein Mist."
Das Kaninchenloch hatte ich im feinen Sand nicht sehen können. Während ich der Länge nach hinschlug, hörte ich dieses eindeutige Knacken im Fuß noch einmal wie ein Echo. Schon bevor ich unten lag, wußte ich, daß der Fuß gebrochen war.
Jochen drehte sofort um und kauerte sich neben mich. Mit schmerzverzerrtem Gesicht rieb ich mein Bein. Tränen stiegen mir in die Augen.
„Lauf weiter", schniefte ich. Mein Gott, tat das weh! „Wenn ihr die Pferde habt, könnt ihr mich ja abholen."
„Ich lasse dich doch nicht allein!" Jochen tastete meinen Fuß ab.
„Au", schrie ich auf, „hör auf."
Mit aller Kraft schob ich ihn weg.
„Los, geh endlich. Mir kann nichts mehr passieren, aber den Pferden."
Das war mir ernst. „Du mußt einfach hinterher."
Zögernd stand Jochen auf. Er sah so verstört aus, daß ich schon fast wieder lachen mußte. Ich versuchte, aufmunternd

zu grinsen. Das gelang mir nur schief, aber Jochen machte sich gehorsam wieder auf die Spürhund-Fährte. Nicht ohne sich noch zehnmal umzudrehen.
Mit großer Anstrengung robbte ich auf einem Knie zurück auf unsere Lichtung. Endlich Schatten! Mein Fuß fühlte sich heiß, unförmig und fremd an. Die blauen Kühlpacks auf der Hängematte fielen mir ins Auge. Sie würden die Schmerzen lindern. Aber ich wußte, daß ich nicht aufstehen konnte, um sie zu holen. Das war wohl die Strafe für alles.
Ich lehnte mich an einen alten Eichenstamm. Mein T-Shirt bot nicht viel Schutz gegen die knorrige Rinde, und die harte Borke scheuerte mir den Rücken wund. Egal.
Herr Renneisen fiel mir ein. Meine Schmerzen verstärkten sich schlagartig. Mein Leben war verpfuscht.
Und Jochen mit Paddington allein im Wald.
Seufzend richtete ich mich auf, um mich weiter nach hinten in den Schatten zu schleppen. Die Sonne war gewandert und brannte mir auf den Kopf.
Hinter den Eichen lauerte erneut Unheil auf mich. In Form von vier alten, hölzernen Bienenkästen mit Steinen auf den Deckeln. Das mußte mir passieren! Wo ich allergisch gegen Bienenstiche war!
Gottergeben nickte ich. Sie würden mich hier als Leiche finden. Ja, damit mußte ich wohl rechnen. Tot zwischen Gummibären und Kartoffelchips.
Mein Schicksal hatte mich ereilt.
Ergeben hockte ich mich an einen der wenigen Bäume mit glatter Rinde und schloß die Augen. Gut, dann würde ich eben sterben.
Hier, am Stamm einer Buche, an einem verbotenen Reitweg, den Fuß genau über dem Rand der unerlaubten Turnschuhe gebrochen. Bei dem, was mich im Leben erwartete, schien es mir vorteilhafter, tot zu sein. Wenigstens sah ich dann Opa wieder und Jeronimo.
Ich malte mir aus, wie alle an meinem Grab weinen würden.

Papa würde denken: „Hätte ich sie doch nicht mit der Klarinette gequält, sondern ihr ein Pferd gekauft. Dann hätte meine kleine Karo nicht heimlich verbotene Wege reiten müssen und wäre nicht von der Biene gestochen worden."
Auch Mama würde von schweren Schuldgefühlen gepeinigt werden. Warum hatte sie mir auch zugemutet, bei der Wärme in Gummistiefeln herumzulaufen! Hätte sie mir Lederstiefel gekauft, hätte ich keine Turnschuhe anziehen und mir die Füße darin brechen müssen.
Alle würden meine Eltern vorwurfsvoll ansehen.
Mein Mathelehrer würde sagen: „Ein Jammer, wo sie gerade dabei war, die Sache mit den Katheten-Quadraten im rechtwinkligen Dreieck zu begreifen."
Sicher schickte die Deutsche Reiterliche Vereinigung wieder den Abgeordneten im Silberhaar. Der würde eine lange Rede darüber halten, daß ein hoffnungsvolles Talent durch einen lächerlichen Bienenstich weggerafft wurde. Und daß die olympische Nachwuchsszene ärmer geworden sei.
Scheich würde auf dem römischen Kampfwagen meinen Sarg ziehen, statt mich und Jochen als Brautpaar. Den Sarg hochkant, weil er quer nicht draufpaßte. Scheichs seidiges, schwarzer Araberfell würde einfach cool aussehen bei einer Beerdigung.
Vor lauter Rührung fing ich an zu weinen, aber gottseidank machten die salzigen Tränen auf dem Gesicht den düsteren Träumen ein Ende.
Scheich – der Gedanke an ihn ließ mich wieder hellwach werden. Wohin mochten er und die anderen gelaufen sein? Hoffentlich rannten sie nicht auf die Bundesstraße 75 oder schlugen sich auf den Feldern den Magen mit unreifem Korn voll, von dem sie eine Kolik kriegten.
Mit dem Handrücken wischte ich mir den Schweiß von der Stirn. Weit entfernt hörte ich eine Kirchtumuhr schlagen. Zwölf Uhr! Um diese Zeit wollten wir zurück sein.
Herr Renneisen würde jetzt auf dem Hof stehen und Aus-

schau nach uns halten. In 15 Minuten würde er anfangen, sich aufzuregen. Nach weiteren zehn Minuten würde er sich Sorgen machen und noch einmal fünf Minuten später Almi alarmieren. Um 12.30 Uhr ritten sie sicher los, um uns zu suchen. Aber wo?

Natürlich auf den Reitwegen. Da konnten sie lange suchen. Andererseits – vielleicht waren unsere Pferde so klug, ihren gewohnten Trampelpfad Richtung Reitschule einzuschlagen.

Möglicherweise stieß Herr Renneisen auf Jochen und Paddington? Wie sie sich gerade im Unterholz küßten?

Grimmig lachte ich auf. Allein mit Joschi! Diese Chance würde sie sich wohl kaum entgehen lassen. Sie würde vortäuschen zu stolpern und sich dann an seinen Hals hängen, die linke Bazille.

Nahtlos fügen die beiden sich in meinen Beerdigungs-Traum ein. Jochen klammert sich verzweifelt weinend an Scheichs Streitwagen und läßt sich mitschleifen. Paddington zieht voller Selbstvorwürfe ihre teuren Lederstiefel aus und legt sie zu den Blumen auf den Sargdeckel. Danach schwört sie, Jochen nie wiederzusehen, tritt in das Kloster der barfüßigen Karmeliterinnen ein und vererbt Renneisens Reitschule ihr gesamtes Werft-Vermögen.

Ein Blick auf meine Armbanduhr zeigte mir, daß jetzt der Zeitpunkt „Almi alarmieren“ gekommen war.

Merkwürdig, daß keine Bienen auftauchten. Vielleicht würde ich ja doch überleben? Falls ich nicht vorher von einem Hitzschlag dahingerafft wurde. Ein einsamer Mähdrescher ratterte auf dem Weizenfeld unten am Hügel. Der Fahrer würde mich nicht hören, und wenn ich noch so laut schreien würde.

Unreife Eicheln und Bucheckern prasselten in meinen Nacken, sonst war nichts zu hören. Ab und zu knackten Zweige – und plötzlich schoben sich zwei Pferdeköpfe durch die Bäume.

„Gamasche! Scheich!“

Konnte es irgendwo auf der Welt schönere Pferdenasen

geben? Für mich in diesem Moment jedenfalls nicht.
Scheich hob den Kopf und schnaubte erfreut, als er mich entdeckte. Gamasche kam gleich näher, legte ihre Nüstern auf meine Arme und beschnupperte mich ausgiebig.
Ich hätte heulen können. Die beiden waren gesund zurück!
Die Pferde hatten den Sack Möhren auf der Hängematte entdeckt und schlugen ohne zu zögern ihre Zähne hinein. Bei der wackeligen Aktion fiel auch die eine oder andere Tüte Weingummi herunter, die ich mir sofort mit einem abgebrochenen Ast angelte. Voller Heißhunger stopfte ich die Gummibären in mich hinein.
Der Sack war leer, und suchend streifte Scheich um mich herum. Die Bienenstöcke!
Ausgerechnet die zogen ihn magisch an.
„Nicht Scheichi", konnte ich gerade noch warnend rufen. Aber da hatte unser verfressener Araber schon zwei Deckel auf einmal mit dem Kopf heruntergefetzt, und nach kurzem Hochschrecken steckte er seine Nase in einen Kasten. Gamasche gesellte sich interessiert dazu.
„Weg da", rief ich voller Angst. Bienenstiche in die Nüstern sind tödlich! Und alles war meine Schuld. Hörte das Unglück denn nie auf?
Unverrichteter Dinge trottete Scheich mißmutig zur Hängematte zurück. *Was soll das hier sein,* sagte sein vorwurfsvoller Blick, *ein Null-Diät-Ausflug?*
Wieso war nichts passiert?
Meine Neugierde siegte im Augenblick über meine Bienenangst. Ich klemmte meinen rechten Arm über einen niedrigen Ast, zog mich hoch und hüpfte auf dem gesunden Bein zu den offenen Kästen.
„Wahnsinn", entfuhr es mir.
Zugegeben – in Bio war ich keine große Leuchte. Ich wußte nicht genau, wie Bienenwaben aussahen. Aber ich hatte eine ungefähre Vorstellung, daß sie nicht im entferntesten barocken Kamin-Uhren, Taschenuhren aus der Biedermeier-

zeit oder Jugendstil-Schmuck ähnelten.
Und genau diese Dinge lagen auf dem Grund der Bienenkästen. Anscheinend war der Schatz vorher mit Zeitungspapier bedeckt gewesen, das Scheich mit der Nase in eine Ecke zusammengeknüllt hatte.
Die Sachen hätten jedem Antiquitätenshop zur Ehre gereicht. Ein bißchen verstand ich davon, wegen Mamas Sucht nach altem Schmuck.
Leise pfiff ich durch die Zähne. Wenn das keine Diebesbeute war!
Die Einbrüche! Seit Monaten war doch dieser Einbrecher unterwegs, der es ausschließlich auf antike Uhren und teuren Schmuck abgesehen hatte. In den Lübecker Nachrichten hatte sogar etwas darüber gestanden, weil einige bestohlene Uhrenbesitzer eine Belohnung ausgesetzt hatten. Die Polizei vermutete, daß der Dieb seine Beute zum Verkauf über die Grenze nach Dänemark brachte und nur kurz zwischenlagerte. Hier! Nicht dumm. Wer würde schon ohne Not in einen Bienenstock gucken? Wer – außer Scheich und Gamasche?
Diese Entdeckung, so schoß es mir plötzlich hoffnungsvoll durch den Kopf, würde den Chef von unseren „Verbrechen" ablenken.
Gamasche und Scheich spitzten auf einmal die Ohren und drehten die Köpfe zur Seite. Überraschte mich jetzt der Dieb? Und erschoß mich als unerwünschte Zeugin? An einem Tag wie diesem mußte man auf alles gefaßt sein!
„He, ist da jemand?"
Laute Rufe drangen vom Fuße des Hügels herauf, an dem das Geschepper des Mähdreschers jetzt verstummt war. „Karo, Jochen. Hallo ..."
„Ja, ja, hier!"
Aufgeregt brüllte ich aus Leibeskräften zurück. „Hier oben auf dem Hügel."
„Hab ich's doch gewußt", grinste Almi, bog einen tiefhängenden Eichenzweig beiseite und ritt auf die Lichtung.

„Wie ich es dir prophezeit habe, Rüdiger."
Aufatmend wandte Almi sich an Herrn Renneisen, der auf unserem Mammut saß und Helena am Halfter führte. „Hier oben haben wir früher als Kinder auch Picknick gemacht."
Der Chef sah nicht besonders belustigt aus.
„So?" wütete er mit zusammengekniffenen Augen. „Sind euch auch die Pferde weggelaufen?"
Dann kübelte Herr Renneisen seine ganze Enttäuschung über mich aus. Häßliche Worte fielen wie „Stallverbot", „mißbrauchte Gutmütigkeit", „Eltern benachrichtigen", „Kindergarten" und „Versicherungsfall".
Und ich lehnte an der Buche mit meinem unförmigen Fuß und wurde kleiner und kleiner. Ein Mauseloch – wo war ein Mauseloch für mich?
Wir würden wohl lange Zeit brauchen, um das Vertrauensverhältnis zu ihm wieder aufzubauen.
Sir Toby und Feuerstein blieben noch stundenlang verschollen. Abends wurden sie vor dem Holstentor in Lübeck eingefangen. Die beiden waren ein Stück über die Bundesstraße galoppiert und lahmten. Feuerstein mußte sogar in die Klinik. Drei Tage.
Ich auch. Aber nur einen Tag. Mich hatte ein Rettungswagen mit Blaulicht ins Amalie-Sieveking gebracht. Das Anschalten des Lichts hatte ich dem Krankenwagen-Fahrer abgeschwatzt, um der Sache mehr Dramatik zu verleihen.
Gebrochen war der Fuß aber nicht. Zerrung, Prellung, Verstauchung, Bänderdehnung – was weiß ich. Trotzdem kriegte ich einen Gips, mit dem ich nur an Krücken gehen durfte. Auftreten war eine Woche lang verboten.

9. Total verrückter Besuch

An diesem Picknick-Abend fühlte ich mich grauenvoll. Nicht, weil mein Fuß schmerzte, oder wegen Herrn Renneisens Donnerwetter. Auch nicht wegen Papas Standpauke. Nein, wegen Feuerstein. Was hatten wir ihm angetan? Wenn ihm noch mehr passiert wäre! Nicht auszudenken.

„In dieser Nacht alterte sie um Jahre", hatte ich mal in einem Buch gelesen. Genauso fühlte ich mich im Moment. Uralt. Mindestens wie 18.

Erst als Feuerstein nach drei Tagen guter Dinge aus der Pferdeklinik entlassen wurde, ging es mir besser.

Entscheidend trug auch die Abreise von Samantha Paddington dazu bei.

Und die Aussicht auf die dicke Belohnung. 10.000 Mark waren ausgesetzt. Alle meinten, die müßten mir zustehen. Wenn die Polizei den Uhrendieb schnappte – und vor allem, wenn sie seine restliche Beute fand.

Reichlich viele „wenns". Aber trotzdem, meine Pechsträhne schien zu Ende.

Die Kripo lauerte vier Tage in der Nähe der Bienenstöcke und konnte dann tatsächlich den Täter fassen.

Die Lübecker Nachrichten wollten eine große Geschichte darüber schreiben, wie die schlauen Pferde von Herrn Renneisen alles aufgedeckt hatten. Mit Fotos von Gamasche und Scheich an den Bienenstöcken. Und mit mir und dem Gipsbein.

Der Chef sträubte sich mächtig.

Daß ich nun noch als Heldin gefeiert werden sollte, mißfiel ihm zutiefst. Aus erzieherischen Gründen. Aber als alle Erwachsenen sagten „Mensch Rüdiger, das ist doch eine irre Reklame für deine Reitschule", ließ er sich endlich breitschlagen.

Der Zeitungs-Fotograf wollte mich mit seinem Jeep hinfahren,

weil ich ja nicht laufen konnte.
„Hast du keinen anderen Pulli?“ fragte er, als er mich abholte. Er betrachtete meinen schlabbrigen, schwarzen Stallpullover. „Hellgrau kommt am besten raus auf dem Foto“, empfahl er. „Und etwas figurbetonter. Mit deinem Sack verdeckst du ja die Pferde völlig.“
Was für ein charmanter Mann!
Ich hatte nichts in hellgrau. Aber Mama rannte gleich ins Schlafzimmer und kam mit ihrem neuen Designer-T-Shirt von Armani zurück. In einem freundlichen Granitgrau.
„Paß auf, daß keine Flecken draufkommen“, ermahnte sie mich mild. Mama platzte vor Stolz, daß ihre Tochter in die Zeitung kam. Da rückte sie schon mal Armani raus.
Logisch würde ich aufpassen. Notfalls kaufte ich ihr von der Belohnung zehn neue Designer-Fetzen.
Herr Renneisen und Almi brachten die Pferde zu unserer Picknick-Lichtung.
Ob sie auch unseren verbotenen Sandweg hochgaloppiert waren? Die Frage brannte mir auf der Zunge. Aber dreimal schluckte ich sie herunter. Gereizte Löwen soll man nicht noch am Schwanz ziehen.
Bei den Bienenstöcken wollte der Fotograf, daß Scheich und Gamasche mit mir schmusten. Aber die beiden hatten nichts anderes als Grasfressen im Sinn. Herr Renneisen gab dem Fotografen ein paar Möhren, die er mir auf die Schultern legen konnte. Gut durchdacht! Interessiert knabberten die Pferde an der neuen Möhrenquelle herum.
Leider sah Mamas Designer-T-Shirt danach aus, als hätte ein Baby fünf Glas Karottenbrei darauf ausgespuckt. Aber konnte sie mich dafür zur Rechenschaft ziehen? Wohl kaum. Diesmal war eindeutig die Presse schuld.
Oder sogar Herr Renneisen?
Am nächsten Tag riefen Mamas sämtliche Tennisfreundinnen an. Alle hatten den witzigen Artikel in den Lübecker Nachrichten gelesen und gratulierten Mama zu ihrer einmaligen

Tocher. Da verzieh sie mir die Armani-Katastrophe.
Natürlich bemühte ich mich, den Mitleids-Effekt auszuspielen und mein Gipsbein ins rechte Licht zu rücken.
Mußte das nicht ein Mutterherz erweichen, wenn Mama sah, wie jämmerlich ihr einziges Kind auf dem Hosenboden die Holztreppe herunterrutschte? Eine Hand an das Schiffstau geklammert, das Papa mir im Treppenhaus angebracht hatte? Auf einem Bein und mit Krücken kann kein Mensch eine Treppe bewältigen. Es sei denn, er verdient sein Geld als Zirkus-Artist.
Zwar durfte ich mir jeden Tag mein Lieblingsessen wünschen, aber meine Siechen-Masche hatte auch eine unerwünschte Begleiterscheinung. Ich mußte mich jeden Tag ein paar Stunden hinlegen. Natürlich kamen Jenny, Astrid und Jochen täglich vorbei, aber insgesamt war es doch öde. Besonders an diesem Nachmittag. Alle drei wollten angeblich etwas unternehmen und hatten abgesagt.
Sich vergnügen, ja, das können sie, dachte ich bitter, aber um eine Halbleiche wie mich kümmern sie sich nicht.
Wie konnte ich ahnen, daß sie sich eine Überraschung für mich ausgedacht hatten?
Ich tat mir ziemlich leid, als ich so vereinsamt auf meinem Bett lag. Ach, wäre das schön, mal wieder im Stall zu sein. Dr. Schlumberger müßte jetzt zurück sein. Höchste Zeit für ein neues Schulrat-Bekämpfungsprogramm.
Meine Phantasie würde mit mir durchgehen, behauptete Papa gern. Im Moment mußte ich ihm recht geben. Kaum dachte ich intensiv an den Stall, bildete ich mir ein, Hufgetrappel zu hören. Ich richtete mich auf und lauschte.
Immer noch Hufe. Wahnvorstellungen! Litt ich schon unter Wahnvorstellungen? Landete man wegen so etwas in der Klapsmühle?
Tapp, tapp, tapp, tapp. Das waren Pferdehufe!
Ich rollte mich aus dem Bett, schnappte mir die Krücken und humpelte an mein kleines Dachfenster.

Gerade noch rechtzeitig, um zu sehen, wie Gamasche mit ihrer Nase die grüne Gartenpforte aufstieß und zielstrebig in den Vorgarten marschierte. Gefolgt von Scheich und der schönen Helena.
„Ihr verrückten Hunde“, brüllte ich überglücklich zu den Pferden und ihrem Begleit-Tross herunter, warf mich auf die Treppe und rutschte in einer affenartigen Geschwindigkeit die zwölf Stufen herunter. Die Krücken unterm Arm.
Da standen sie alle zwischen Hortensienbüschen und Weißdornhecke – Jenny, Astrid, Paul, Jochen und alle Kochlöffel. Auch Frau Leonfeld. Das erste Mal, daß sie seit Jeronimos Tod wieder dabei war. Das nannte ich einen Krankenbesuch!
„Herr Renneisen hat uns nicht ohne sie ziehen lassen“, entschuldigte sich Jochen mit einer Kopfbewegung Richtung Kochlöffel. „Er traut uns im Moment nicht.“
Die drei Pferde fanden sofort Gefallen an Papas Rasen, steckten die Nasen ins Grün und wollten gar nicht mehr hochgucken.
Frau Leonfeld hängte mir als Geschenk ein Stallhalfter um, auf das sie in Kreuzstich „Gamasche“ gestickt hatte.
„Die Züchterverbände sollte man verklagen“, meinte Frau Leonfeld. „Wie kann man Pferde mit so schmalen Nasen züchten, daß nicht mal mit Anstand G-a-m-a-s-c-h-e aufs Halfter paßt?“
Das Halfter sah wirklich stark aus. Damit würde mein Liebling im Stall groß herauskommen.
Weil ich mich so irre freute, versprach Frau Löwenberg mir, auch Gamasches Abschwitzdecke zu besticken. Als Text wünschte ich mir: „Gamasche forever.“
Jenny und ich wechselten schnell einen Blick. Ich wußte genau, was sie dachte: „Wenn meine Mutter doch auch so ein normales Hobby wie Sticken hätte.“
Doch davon schien Jennys Mutter weit entfernt zu sein. Weiter denn je zuvor. Die Heilkraft von Edelsteinen hatte es ihr jetzt angetan. Jenny besaß mein Ehrenwort, daß ich schwei-

gen würde. Natürlich war es ihr peinlich, daß ihre leibliche Mutter Bergkristalle in ein Glas Wasser legte, das sie zum Schutz vor kosmischer Strahlung trank ...

Meine Mutter hätte dafür auch kein Verständnis, dachte ich, als ich sie mit dem Fotoapparat aus der Haustür kommen sah. Mama wollte sich das ungewöhnliche Bild mit den Pferden im Vorgarten nicht entgehen lassen.

Als sie durchs Teleobjektiv geguckt hatte, ließ sie die Kamera entsetzt wieder sinken, wurde leichenblaß und stammelte: „Oh nein."

Unsere alte englische Standuhr im Flur schlug fünf Mal. Sofort dämmerte es mir, warum Mama so erschrak.

Bevor ich meine Befürchtungen überdenken konnte, bog Papa pünktlich wie immer durch unsere Gartenpforte und schrie gellend auf: „Oh nein."

Inzwischen hatten wir alle die Bescherung gesehen.

Sein gepflegter Rasen war übersät von tiefen, häßlichen Hufspuren. Um ehrlich zu sein, sah er aus wie ein gepflügter Acker. Wie ein schlecht gepflügter.

„Schlimmer", schnaubte Papa, „schlimmer kann es nach dem Deutschen Derby in Horn auch nicht aussehen."

Papa war völlig enthemmt.

Meine Freunde und die Kochlöffel sahen sehr betreten aus.

Die Pferde nicht. Sie musterten Papa nur kurz etwas verwundert, so wie man ein seltenes Insekt betrachtet. Dann fraßen sie seelenruhig weiter.

Ich humpelte besonders kläglich auf meinen Krücken herum, um Mitleid zu erwecken. Vergebens.

„Katastrophengebiet", flüsterte Papa. „Das hier ist reinstes Katastrophengebiet."

Mama wurde leicht aufmüpfig. „Siehst du, Andreas", sagte sie, „hättest du bloß die Wildwiese gelassen."

Das Wort wirkte auf Papa wie ein rotes Tuch auf einen Stier.

Als wir einzogen, hatte Mama eine Öko-Wiese angelegt. Mit Löwenzahn, Spitzwegerich und Mohn. Papa litt damals wie ein

Hund, daß der Garten so „unordentlich“ aussah. Ganz schlimm war es gewesen, als er zum ersten Mal seine Ingenieurs-Kollegen eingeladen hatte. Bei der Begrüßung hatte sein Chef überrascht gesagt: „Ich wußte ja gar nicht, daß Sie eine Wildwiese haben, Herr Spielberg.“
Sein angewiderter Unterton war mir nicht verborgen geblieben. Er bedeutete so viel wie: „Ich wußte ja gar nicht, daß Sie auf einer Müllkippe wohnen.“
Papa hatte sich damals ans Herz gegriffen.
Mama war gottseidank sehr einfühlsam.
Während Papas nächster Dienstreise hatte sie den ganzen Vorgarten umgegraben und englischen Rasen eingesät. Danach hatte sie sechs Wochen eine Sehnenscheidenentzündung und mußte eine Gipsschiene tragen.
Aber Papa war glücklich. Zwischen Mai und Oktober traf man ihn jetzt in jeder freien Minute mit Nagelschere und Geo-Dreieck auf dem Rasen liegend an, wo er Grashalm für Grashalm auf eine Länge kürzte. Jede Wette, daß er als Rentner freiwillig die Tennisplätze in Wimbledon schneiden wird.
Papa verlangte, daß Astrid, Jenny, Paul und Jochen alle Löcher mit den Füßen zutraten, nachdem Pferde und Kochlöffel im Eiltempo den Garten verlassen hatten.
Dann schleppte Papa breite Latten an, die sich jeder unter die Schuhe binden mußte, um die Erde damit festzutreten. Die vier watschelten durch den Vorgarten und hatten dabei eine unglaubliche Ähnlichkeit mit Enten.
Astrid kicherte unentwegt. Jenny, Paul und Jochen taten mir zuliebe auch so, als ob sie Papas Strafaktion lustig fänden.
Am liebsten wäre ich in den Erdboden versunken und hätte mich von Jochen festtreten lassen. Alles war nur noch peinlich. Die Regierung sollte Männer zwingen, Benimm-Kurse zu machen, bevor sie Kinder in die Welt setzten.
Mir blieb nur der Spott als Waffe.
„Soll ich dir die Longierpeitsche aus dem Stall holen lassen?“ schlug ich ihm vor. „Dann könntest du sie besser antreiben.“

Papa schwieg mit zusammengepreßten Lippen.
Ich konnte ihm genau ansehen, woran er dachte: Wie angenehm sein Leben verlaufen wäre, wenn ich ein Junge geworden wäre. Einer mit seiner mathematischen Begabung. Mit lauter Einsen in der Schule und Preisen bei „Jugend forscht". Einer, mit dem er Männergespräche führen und dem er später mal seinen teuren Zeichentisch mit der Laufwagen-Zeichenmaschine vererben konnte.
Statt dessen? Eine Tochter, deren hervorstechendste schulische Leistung eine Drei minus im Aufsatz war!
Papa warf mir seinen altbekannten Blick zu.
Ich habe mich nicht acht Semester auf der Hochschule gequält, um deine Reitstunden bezahlen zu können und dann nur Undank zu ernten.
Jochen hatte den Blick aufgefangen und reagierte sensationell. „Was halten Sie davon", meinte er, „wenn ich die nächsten zwei Samstage vorbeikomme und den Rasen mähe?"
Das versöhnte Papa vorübergehend mit der heutigen Jugend und mich mit Jochen. Wir hatten nämlich noch gar nicht miteinander gesprochen seit Paddingtons Abreise.
Während die vier sich mit Rasen-Festtrampeln abmühten, zwinkerten sie mir dauernd zu und formten mit den Lippen das Wort „Gamasche".
Ich hatte meine Lieblingsstute vorhin gar nicht richtig begrüßen könnten, weil Papa gleich dazwischenkam. Und ein Hellseher bin ich auch nicht. Was konnten sie nur meinen?
Als mein Vater seine Leibeigenen entließ, hatte ich immer noch nichts erfahren.
Diese Ungewissheit machte mich ganz verrückt. Am Abend konnte ich nicht einmal telefonieren. Andauernd lungerten meine Eltern in meiner Nähe herum.

10. Geheimnisvolle Briefe

Jenny, Astrid und Jochen klingelten am nächsten Morgen Sturm an unserer Haustür. In aller Eile streiften sie die Reitstiefel ab und fielen fast auf der Treppe hin, weil jeder zwei Stufen auf einmal nehmen wollte.
Sie warfen sich auf mein Bett. Astrid sprudelte gleich los: „Er hat ihr ins Gesicht geschlagen. Mit dem Zügel."
Voller Empörung nickten die anderen.
„Ein Mistkerl ist das." Wütend schlug Jochen mit der flachen Hand auf meine Bettdecke.
„Ihre rechte Augenbraue ist aufgeplatzt", ergänzte Jenny so zornig, daß ich sie kaum wiedererkannte, „er hat sie mit der Schnalle getroffen, und es hat irre geblutet."
Mir wurde ganz schlecht. Meine kleine Gamasche.
„Sag doch, wie geht es ihr?"
Jenny winkte ab. „Die Wunde ist halb so schlimm, aber daß er sie geschlagen hat, das verzeihe ich ihm nie."
Ich beugte mich vor.
„Und", wollte ich wissen, „hat der Chef ihn endlich zum Teufel gejagt?"
Mein Berufswunsch stand schon fest, als ich sechs war. Kriminalpolizei. Soeben stellte ich wieder fest, daß ich kripomäßig Talent hatte. Natürlich war mir von Anfang an klar, daß hier die Rede von Schlumberger und Gamasche war.
Jochen hob die Hände.
„Uns glaubt Renneisen doch nichts mehr, was Schlumberger angeht."
„Und wie hat der Schulrat die Wunde erklärt?"
„Eine spitze Astgabel. Gamasche hätte sich draußen an einer Astgabel gestoßen."
In einem Anfall von Jähzorn hätte der Mistkerl zugeschlagen, berichtete Astrid, „weil Gamasche beim Putzen nach seiner

heiligen Miriam-Vanessa geschnappt hat."
Was tut man, wenn dem gesprochenen Wort nicht geglaubt wird? Man schreibt einen Brief. Was tut man, wenn – wegen des Absenders – auch dem geschriebenen Wort keine Beachtung geschenkt wird? Man schreibt einen anonymen Brief. Einen ohne Absender.
Meine Eltern predigten zwar, so etwas machten nur Feiglinge – aber das galt nur für Erwachsene. Konnten wir etwa anders auf den Fall Schlumberger aufmerksam machen?
Wie schrieb man einen anonymen Brief?
Keiner von uns hatte Erfahrung damit. Zunächst brauchten wir Briefpapier.
Aus den Tiefen meines Schreibtisches beförderte ich Briefbögen mit Hundebabys, Bambis, Katzenköpfen und Marienkäfern ans Tageslicht. Erinnerungen an meine Pampers-Zeit. Für unsere Zwecke alles Müll.
„Wo steht dein Computer?" Während ich noch kramte, sah Jochen sich suchend um. „Oder hast du etwa keinen?"
Nein, hatte ich nicht. Papa besaß ja einen. Zwar lag mein Vater mir dauernd in den Ohren, er wolle mir auch einen PC kaufen. Mit Internet-Anschluß. Den hatte er nämlich nicht. Aber ich war ja nicht blöd. Stand so ein Teil in meinem Zimmer, dann hieß das, daß Papa mir pausenlos Such-Aufträge fürs Internet erteilen würde. Er mit seiner Informations-Sucht. Nein danke. Ein Computer hielt mich nur vom Wichtigsten im Leben ab – von den Pferden.
„Achtest du auf das Telefon, Karolin?" rief Mama von unten, „ich gehe zum Friseur."
Das Schicksal hatte ein Einsehen! Freudig ballte ich die Faust und nickte den anderen zu.
Sobald die Tür ins Schloß fiel, stiegen – beziehungsweise rutschten – wir die Treppe hinunter.
In Papas Arbeitszimmer war alles, was wir brauchten: weißes Briefpapier, Computer, Drucker und ein Regal mit 300 Sachbüchern. Ich verscheuchte den Gedanken, daß Papa auf der

Stelle in Ohnmacht fallen würde, wenn er uns in seinem Heiligtum entdecken würde.

Ein ordentlicher Vater ist manchmal doch sehr praktisch. Nur kurz schweifte mein Blick über Papas Wissensvorrat, dann fand ich das richtige Buch. „Offizielle Briefe und Beschwerdeschreiben – wirkungsvoll und rechtlich einwandfrei".

Auf den Zehenspitzen meines gesunden Fußes stehend, angelte ich mir das dicke Standardwerk vom Regalbrett. „Der passende Text zu jedem Anlaß" stand über dem Inhaltsverzeichnis.

„Super."

Jochen war sichtlich beeindruckt. „So übel ist dein Vater gar nicht, wenn er so etwas für uns anschafft."

Die anderen hockten sich auf den braunen Sisalteppich. Mit dem blöden Gips kam ich nicht auf die Erde herunter und machte auf Papas kostbarem Laser-Drucker Zwischenstation (vier Jahre Zuchthaus mit anschließender Sicherheitsverwahrung!). Mein Zeigefinger glitt über das Inhaltsverzeichnis.

„Ja, der passende Text für jeden Anlaß", lästerte Astrid, während sie ihren Hals reckte und eine Ecke des Buchs zu sich herunterbog, „wo ist denn der Briefvordruck für Reitlehrer, die ihre Schulpferde nicht verkaufen sollen?"

Natürlich gab es keinen. Die Realität ist solchen Bücherschreibern so fremd wie mir der Lehrsatz des Pythagoras.

Jochen nahm mir das Buch schließlich einfach aus der Hand und blätterte darin herum. Nach einigen Minuten sagte er entschlossen: „Hier, aus diesem Kapitel können wir etwas übernehmen."

Es hieß „Rechte bei Mietmängeln gegenüber dem Hauswirt sichern".

Ächzend stand ich auf und hopste auf den Bürostuhl vor Papas geliebten Computer. Ein bißchen kannte ich mich damit aus.

Auf dem Bildschirm erschienen lauter überflüssige Sachen. Wenn ich versehentlich Papas computerunterstütztes Zeichen-

programm löschte, würde er mich ins Heim stecken.
Quatsch!
Ich rief das Schreibprogramm auf und wählte als Schriftform Garamond 18 Punkt halbfett, von der Papa sagte, diese Schrift verrate Stil. Dahinter konnte Renneisen also unmöglich uns vermuten.
Jochen diktierte.
„Sehr geehrter Herr Renneisen! Wir sehen es als unsere Pflicht an, Ihnen mitzuteilen, daß Herr Dr. Schlumberger gestern morgen um exakt 9.15 Uhr Ihrem Pferd Gamasche während des Vorgangs des Auftrensens mit dem Zügel zweimal ins Gesicht geschlagen hat."
Klasse. Bewundernd hingen wir alle an Jochens Lippen. Wie ein echter Rechtsanwalt. Beschwingt durch unsere anbetenden Blicke, redete Jochen weiter.
„Damit hat er sich entlarvt. Daß er Ihre klasse Stute in Wirklichkeit gar nicht leiden kann, wie er Ihnen gegenüber heuchelt, diese Ratte. Damit ..." – Jochen richtete sich auf und nahm die Schultern etwas zurück, um seinen eingebildeten Anwalts-Talar zurechtzurücken, „... damit dürfte der Tatbestand der vorsätzlichen Täuschung erfüllt sein und Sie nicht vertragsbrüchig werden, wenn Sie diesem miesen Typen Gamasche nicht verkaufen."
Erleichtert schlug Jochen das Buch zu. Das war Schwerarbeit gewesen. Er beugte sich über meine Schultern, las den ganzen Text noch einmal zufrieden nickend vor und diktierte dann den letzten Satz: „Mit gebührendem Respekt: Reiter, die es gut mit Ihnen meinen."
Er zeigte auf den Schlußsatz: „Mach den 24 Punkt groß, unterstrichen, fett."
Wir konnten es kaum erwarten, bis der Drucker den Brief ausspuckte.
Jenny fiel auf, daß „diese Ratte" im vorletzten Satz nicht in den korrekten Ton paßte. Aber wir ließen die Bemerkung trotzdem stehen. Zur Verdeutlichung.

Sorgfältig räumten wir alles wieder auf. Das Buch klopfte ich mit einem Linealrücken millimetergenau in die Lücke zwischen seinen schnurgerade ausgerichten Kollegen ein.
Wir durften keine Zeit verlieren. Jochen und die anderen verschwanden mit dem Brief, um ihn in der Mittagspause unter Herrn Renneisens Haustür durchzuschieben.
Jetzt kam wieder der scheußlichste Teil der Schlumberger-Bekämpfungs-Aktion: das Warten.
In unserem Briefkasten lag schon die Post. Ich lehnte meine Krücken an die Kiefernkommode im Flur und blätterte die Ausbeute flüchtig durch.
Für mich?
Ein dünner, graublauer Behörden-Briefumschlag. Unschlüssig drehte ich ihn in der Hand. Tatsächlich.
„An Frau Karolin Spielberg". Absender: Behörde für Inneres. Selbstverständlich wußte ich als angehende Kriminalistin, daß zu diesem Amt alles gehörte, was mit der Polizei zu tun hatte. Aufregend. Bestimmt ging es um den Uhrendieb.
Hüpfend kehrte ich mit dem Brief ins Wohnzimmer zurück und warf mich aufs Sofa. Das mußte ich in Ruhe genießen.
Von wegen Ruhe!
Die Buchstaben tanzten vor meinen Augen. Immer wieder las ich den letzten Satz: „... möchten wir Sie bitten, uns eine Kontonummer mitzuteilen, auf die der Betrag überwiesen werden kann."
Solch ein entrücktes, überirdisches Lächeln trägt man wohl im Gesicht, kurz bevor sie einen in eine geschlossene Anstalt einliefern.
Als meine Mutter vom Friseur zurückkam, lag ich noch immer mit dem leicht irren Ausdruck in den Augen auf dem Sofa, in der Hand den bereits arg zerknitterten Brief.
„Zehntausend Mark, Mama", sagte ich. „Hier steht es. Schriftlich und mit Behördenstempel." Meine Stimme bebte. „Alles meins. Davon kann ich Gamasche kaufen."
Gamasche gehörte mir!

„Keinen Schritt näher an mein Pferd, Schlumberger“, würde ich ihn beim nächsten Stallbesuch anherrschen. „Oder ich hole die Polizei.“
„Ob das Papa erlaubt?“ Mama trübte meine Zukunftspläne mit Gamasche. Aber sie freute sich natürlich mit mir. Kopfschüttelnd strich sie den Brief glatt. „Daß sie dir wirklich die Belohnung geben.“
Den ganzen Tag schwebte ich trotz Mamas Einwand wie auf Wolken. Bis Papa um Punkt fünf Uhr nach Hause kam.
Man konnte gegen meinen Vater sagen, was man wollte, aber eines bestimmt nicht – daß er ungerecht wäre. Das hatte ich bisher an ihm geschätzt. Hatte! Jetzt nicht mehr.
Nachdem er meinen Belohnungsbrief gelesen hatte, war seine erste Reaktion: „Das Geld mußt du natürlich mit den anderen teilen. Und mit Herrn Renneisen. Schließlich seid ihr mit seinen Pferden unterwegs gewesen.“
Diesem Gedanken konnte ich nicht folgen. Der Mann hatte sich ja in einen krankhaften Gerechtigkeitswahn hineingesteigert!
Papa zog Millimeterpapier aus seiner Aktentasche und begann zu schreiben. Den Block hatte er immer bei sich. Für den Fall, daß ihn in der Bahn jemand überraschend bitten würde, einen Hydraulikzylinder zu entwerfen ...
„Ihr wart fünf Reiter, die Engländerin ist ja weg, also vier“, stellte er fest und notierte unsere Namen. „Fünf Pferde. Gesucht haben euch Herr Renneisen und Herr, äh, Almi.“ Papa zählte alles zusammen. „Macht elf Beteiligte.“
Ich fühlte mich völlig überrumpelt. Wütend funkelte ich Papa an. „Du hast Krümel vergessen.“
Ungerührt von meinem sachlichen Einwurf rechnete Papa weiter. „10.000 Mark geteilt durch elf sind haargenau 909,09 Mark für jeden.“
909,09 Mark für jeden! Das wären ja ...
„... 5.454,54 Mark für Herrn Renneisen und seine Pferde!“ nahm mir Papa diese unlösbare Kopfrechenaufgabe ab. Wo

doch ich die Beute gefunden hatte!
Zufrieden lehnte Papa sich in seinem Korbsessel zurück.
„Das ist mein Geld“, begehrte ich trotzig auf und schob mein Gipsbein deutlicher vor seine Nase.
„Gut.“
Papa ließ die Mine des Kugelschreibers zurückschnappen und sah mich streng an. „Wenn du diese Lösung ablehnst, legen wir das Geld auf ein Sperrkonto. Bis du 18 bist.“
Peng.
Was Papa sagte, war endgültig. Mit dem Sperrkonto war mir auch nicht geholfen. Und vor allem Gamasche nicht.
Dumpf brütete ich vor mich hin und sah meine Mutter hilfesuchend an.
„Karolin würde so gern Gamasche von dem Geld kaufen“, begann Mama vorsichtig.
Papa schrak aus seinem Sessel auf. Sein Mienenspiel glich dem von gehetztem Rotwild.
Tapfer sprach meine Mutter weiter. „Die Idee ist doch gar nicht so schlecht. Wir sparen die Kosten für die Reitstunden und wüßten, daß Karo ein Verlaßpferd reitet.“
„Außerdem kriegt der schreckliche Schulrat sie dann nicht“, setzte ich hoffnungsvoll hinzu.
In Papas Mathematikerkopf ratterte eine Rechenmaschine.
„Reitstunden sparen?“ fragte er ironisch. „Was kostet denn die Boxenmiete im Monat?“
„600 Mark“, gab ich kleinlaut zu.
Papa lachte schrill auf.
„... und Tierarzt, Schmied, und ich weiß nicht was noch. Dafür kannst du ja jeden Tag zwei Reitstunden nehmen.“
Er stand auf und faltete das Millimeterpapier sorgfältig zusammen. „Schluß damit. Ich habe Hunger.“
Unsere Türklingel unterbrach die einseitige Verhandlung.
Mama öffnete und kam mit Jenny herein. Meine Freundin war den Tränen nah. Heute sah sie noch zerbrechlicher aus als sonst, fiel mir auf, als sie so schmal in der Tür stand.

Diese Woche war sie eigentlich bei ihrem Vater. Aber für dessen Wohnung besaß sie keinen Schlüssel. Ihm paßte es nicht, daß seine Tochter jederzeit nach Hause kommen konnte – er hatte nämlich eine neue Freundin. Auf Jennys Klingeln hatte keiner geöffnet. Ihre Mutter war nicht da. Die fastete bei einer biologischen Entschlackungs-Kur in der Toskana.
Auf ihre herzliche Art nahm Mama die schluchzende Jenny in den Arm und sagte nur: „Natürlich bleibst du hier."
Papa vergaß den kühlen Techniker und machte seine soziale Seelenecke auf. „Ich werde mal ein ernstes Wort mit deinen Eltern reden, Jenny", versprach er.
„Warum kann man sich nicht von seinen Eltern scheiden lassen", stieß Jenny hervor, „so wie in Amerika?"
Energisch putzte sie sich die Nase.
„Wenn ich meine mittlere Reife habe, ziehe ich aus", sagte sie entschlossen. „Als Pferdewirt muß ich sowieso direkt im Reitstall wohnen. Herr Renneisen will mir helfen, eine Stelle zu finden."
Papa kaute auf seinen Lippen herum und sah Jenny plötzlich merkwürdig an. So wie man jemand mustert, der einen auf ganz neue Ideen bringt.
Nach dem Abendessen zog er sich mit Mama in sein Arbeitszimmer zurück und schloß sorgfältig die Tür hinter sich. Was die beiden wohl zu verbergen hatten?
Jenny hatte sich wieder beruhigt und fand genau wie ich, daß wir meine Eltern wegen ihres auffälligen Benehmens überwachen mußten. Leider drang durch Papas Lärmschutztür fast nichts nach draußen.
„Guck durchs Schlüsselloch", forderte ich Jenny auf. Gut, daß mein Gips morgen herunterkam, dann konnte ich solche lebenswichtigen Kniebeugen wieder selber machen.
„Sie blättern in Telefonbüchern", berichtete Jenny, „und schreiben sich Nummern heraus."
Dann sah sie Papa telefonieren, mehrfach und lange.
Beim letzten Anruf schnappte Jenny einen Satz auf. „Genauer

kann es ja wohl nicht passen".
Was konnte nicht genauer passen? Ein Rätsel. Noch. Aber für mich schien es wenig wahrscheinlich, daß ich es mit meiner Spürnase nicht lösen würde.
„Sie kommen."
Blitzschnell entfernten wir uns von der Tür und hockten uns unauffällig summend auf meine Treppe.
„Kommt mit auf die Terrasse", lud Mama uns ein. „Heute ist so ein herrlich warmer Abend." Sie hatte rote Backen und sah genauso verschmitzt aus wie Papa. „Ich backe uns ein paar Waffeln."
Beim Aufstehen fiel mein Blick auf unseren zweiten Telefonapparat im Flur.
„Ich rufe schnell noch Astrid an", rief ich den anderen zu. Klar, daß ich ganz etwas anderes im Sinn hatte.
Verdeckt vom Türrahmen, verfolgte ich, wie sie es sich auf den Terrassen-Bänken bequem machten.
Ich holte tief Luft und drückte auf dem Telefon die Taste „Wahlwiederholung", die die zuletzt gewählte Nummer speicherte. Ein leises Rattern im Telefonhörer bestätigte mir, daß die Nummer erneut angewählt wurde. Wer würde auf der anderen Seite abheben? Was war mit meinen Beinen los? Auf einmal zitterten meine Knie wie Wackelpudding.
„Renneisens Reitschule", meldete sich Herr Renneisen am anderen Ende.

11. Letzte Chance für Gamasche?

Prinzessinnen, Feen und Engel waren, seit ich mich erinnern konnte, für Mädchen mit blonden Locken reserviert.
Nie durfte ich mit meiner braunen Stehmähne so ein Fabelwesen spielen. Hirte ... schon in der Grundschule war ich im Krippenspiel immer nur ein Hirte gewesen.
Selbstverständlich hatten die Kochlöffel als Hauptperson in ihrem Theaterspiel für das Reiterfest Astrid als blonde Prinzessin vorgesehen.
„Die gnadenlose Wahrheit über Dornröschen“ hieß der Titel ihres unbarmherzig umgeschriebenen Märchens. Dornröschen stach sich darin an einer Mistgabel.
Aber dieses Jahr war ich bereits glücklich darüber, daß ich überhaupt mitspielen konnte. Mein Fuß hatte sich schneller erholt als erwartet. Genau wie die lahmen Beine von Sir Toby und Feuerstein. Mit einer festen Bandage konnten wir alle drei wieder halbwegs gehen.
Was Herr Renneisen aufgrund des anonymen Briefes unternommen hatte, konnten Jenny und ich nicht herausbekommen. Auch nicht, was Papa mit ihm besprochen hatte. Trotz unseres raffinierten Fragen-Terrors.
Papa hatte mir das Versprechen abgenommen, mit niemandem über die Belohnung zu sprechen. Jenny ausgenommen – denn der hatte ich das schon vorher erzählt.
In einer Woche war unser Turnier und heute Generalprobe für das Theaterstück. Mit meiner Rolle war ich sehr zufrieden. Ich durfte einen der drei Prinzen spielen, die durch die Rosenhecke reiten. Eine steile Karriere für einen Hirtenjungen.
Zehn Voltigierkinder warteten als verkleidete Rosen, als wir in die Halle ritten. Miriam-Vanessa und Jan-Benedikt Teuerkauf waren auch dabei. Mutter Teuerkauf hatte doch nicht aufgegeben. Alle faßten sich an den Händen und bildeten

eine Kette quer durch die Halle.
Dahinter wartete Dornröschen auf Helena.
Jenny war der erste Prinz. Es fing gleich lustig an. Sie kam nämlich gar nicht erst bis zur Hecke.
Ihr königliches Roß Sir Toby stieg beim ersten Ton aus Hannis Querflöte, die das Spiel künstlerisch wertvoll mit Mozart untermalen sollte. Sir Toby war wohl kein Mozart-Fan.
„Bring ihn heraus“, winkte Herr Renneisen ab, „und sattle dir Scheich.“
Den Araber hatten wir eigentlich nicht eingeplant, weil er etwas schräge Vorstellungen von Theaterstücken hatte. Immer wollte er den schrillen Stall-Rebellen spielen – aber so eine Rolle hatten die Kochlöffel nie vorgesehen.
Doch diesmal blieb Scheich total cool, gähnte sogar bewußt gelangweilt. An sich wäre das peinlich gewesen. Aber da es ja um einen hundertjährigen Schlaf ging, konnte man es lassen.
Ich war als zweiter Prinz dran. Auf Gamasche.
„Versuch, möglichst dicht an die Rosenkinder heranzureiten.“ Der Chef übernahm die Regie. „Und erst direkt vor ihnen anhalten. Es muß so aussehen, als ob die Hecke dich nicht durchlassen will. Natürlich nur so nah heranreiten, daß Gamasche den Kindern nicht auf die Füße tritt.“
Unmöglich, seine demütigende Bemerkung vor den Kleinen. Diesen plumpen Kommentar hätte er sich wirklich sparen können. Ich hatte alles unter Kontrolle.
Kaum war ich angetrabt, übernahm leider doch Gamasche den weiteren Spielverlauf. Sie wurde sofort schneller und setzte in einem Riesensprung über die Rosenkinder hinweg, die sie offensichtlich für ein spaßiges Naturhindernis hielt. Ihre Hufe schwebten aber in beruhigendem Abstand über den rosa verhüllten Köpfen.
Die meisten Kinder ertrugen den Sprung ruhig und mit Anstand. Nur Jan-Benedikt schrie in altbekannter Marnier gellend auf, und Miriam-Vanessa piepste zur Tode erschreckt.
Vielleicht wächst ihre Angst vor Gamasche ja jetzt noch, und

sie will sie nicht mehr haben, fuhr es mir mitten im Sprung durch den Kopf.
Als Gamasche und ich sicher landeten, schielte ich zum Chef hinüber.
Aschfahl. Treffender konnte man die Farbe seines Gesichts nicht bezeichnen. „Hilfe", hörte ich ihn mit blutleeren Lippen ächzen, „Hilfe."
Jetzt war Jochen dran. Als letzter Prinz, der Dornröschen wachküßen sollte. Er sah Herrn Renneisen fragend an, aber von ihm kamen keine weiteren Regie-Anweisungen. Mein cooler Sprung hatte anscheinend sein Sprachzentrum vorübergehend ausgeschaltet.
Jochen ritt also auf eigene Faust mit Feuerstein auf die Rosen zu, die sich bei seinem Nähern in zwei Gruppen teilen sollten. Das Teilen dauerte ein bißchen lange. Jan-Benedikt zankte sich mit einem Volti-Mädchen, wer nach rechts und wer nach links wegtreten sollte.
Warten war nichts, was Feuerstein besonders schätzte. Ohne zu zögern, mangelte unser Leitpferd Jan-Benedikt um, und mit ihm fiel die ganze Kinder-Kette der Reihe nach zur Seite. Es wirkte irgendwie hübsch.
Man sollte es in das Stück einbauen, überlegte ich. Es sah aus wie ein Kartenhaus, das zusammenstürzt. Nur daß Karten nicht so albern herumschreien.
Es war mal wieder der ganz normale Wahnsinn.
Fassungslos starrte der Chef auf seine Theatergruppe.
„Ich wollte, ich wäre tot", murmelte Herr Renneisen, und es klang sehr glaubwürdig.
Immerhin hatte Traumprinz Jochen sein Dornröschen erreicht. Sein Versuch, sie zu küssen, scheiterte jedoch kläglich. Jochen rutschte langsam, aber unausweichlich aus Feuersteins Sattel, weil er sich zu weit zur schönen Helena hinüberlehnte. Er machte einen Bauchklatscher auf den Hallenboden.
Feuerstein suchte mit baumelnden Steigbügeln das Weite.
Schuld an dem unehrenhaften Absturz war Astrid. Sie hatte

sich einfach zur Seite gedreht, weil sie sich nicht von Jochen küssen lassen wollte. Wegen Christopher.

Verständnislos sah ich zu Astrid hinüber.

Jede von uns würde ihr Taschengeld von drei Monaten für einen Kuß von Jochen geben, dachte ich wehmütig, und Astrid lehnte ihn ab.

Ob es himmlische Mächte gab, die schützend ihre Hände über uns hielten? Das mußte so sein, denn am Samstag des Turnierwochenendes klappte unsere Märchenaufführung wie am Schnürchen.

Scheich galoppierte gähnend mit Jenny zwischen den Rosenkindern umher. Gamasche verzichtete diesmal auf den Sprung, blieb direkt vor den Kindern stehen und ging sogar ein paar Schritte rückwärts. Feuerstein trabte umsichtig auf die Hecke zu und teilte sie, ohne Jan-Benedikt umzurennen. Helena wieherte wie auf Kommando, als Astrid sich von Jochen küssen ließ, was mir allerdings einen Stich versetzte.

Der nächste Tag war für die Prüfungen reserviert. Morgens für den Reiterpaß, nachmittags für die A-Dressur.

Um sieben Uhr sollte es schon losgehen, weil wir so eine große Truppe waren. 18 Jugendliche drängelten sich um sieben Uhr vor der Sattelkammer, alle mit weißen Nasen und dunkelblauen Pullovern.

Almi wartete bereits mit einem großen Karton, in dem die Startnummern lagen. Einige sahen schon etwas mitgenommen aus, weil Krümel sich die bedruckten Tücher bei jeder Gelegenheit schnappte und sie halb herunterwürgte.

Jeder bekam eine hundeschnauzenfeuchte Nummer zugeteilt, die über die Schultern gehängt und dann mit Bändern um die Taille festgebunden wurde.

Wir musterten uns gegenseitig und kicherten um die Wette.

„Jenny sieht aus wie ein Postpaket“, grinste Jochen und stieß meiner Freundin freundschaftlich in die Rippen, „man sieht von dir gar nichts mehr außer der Nummer.“

Tatsächlich war Jenny wieder dünner geworden. Heute morgen war mir das schon aufgefallen, als wir unsere Reithosen anzogen. Jenny hatte bei uns übernachtet. Ihre Mutter war zwar vom Heilfasten aus der Toskana zurück, aber sie hatte dort einen Wunderheiler aufgegabelt, der bei ihr eingezogen war. Mama hatte Jenny sofort angeboten, zu uns zu kommen.

Wir sattelten unsere Pferde und führten sie nach draußen, um auf den Prüfer zu warten.

Gamasche sah gut gelaunt aus. Das war ein Wetter nach ihrem Geschmack. Nach meinem auch. Der Morgendunst hatte sich gerade aufgelöst, und der Tag versprach sonnig, aber frisch zu werden. Der Wind war über Nacht eingeschlafen. Es würde also kaum Geräusche geben, die unsere Pferde nervös machten. Ideale Bedingungen.

Mit seinem abgegriffenen Taschenbuch „Der Reiterpaß in Theorie und Praxis" erschien Herr Renneisen auf dem Hof und winkte Jochen, Jenny, Astrid und mich zu sich. Sicher sollten wir die Vorreiter machen.

Ernst nahmen wir die Zügel von den Pferdehälsen und gingen wichtig mit den Pferden zu ihm hinüber.

Ein Schlag in die Magengrube hätte uns nicht schmerzhafter treffen können als seine vernichtende Mitteilung.

„Ihr vier reitet die Reiterpaß-Prüfung ohne Wertung mit", verkündete Herr Renneisen. Seine Stimme nahm den widerwärtigen Königston an. Wir hätten, sagte er, zu seinem größten Bedauern bei unserem Picknick-Ausflug gezeigt, daß uns die sittliche Reife fürs Geländereiten fehle.

Entgeistert schauten wir ihn an.

Krümel hatte sich zu uns gesellt. Schwanzwedelnd legte er sich vor Gamasches rechten Vorderhuf und starrte empört Richtung Chef.

Ungerührt fuhr Herr Renneisen mit seiner einseitigen Darstellung der sattsam bekannten Picknick-Story fort. „Und Charakterstärke ist nun mal eine Grundbedingung für den Reiterpaß", schloß er.

Schön, er war der Chef. In seinem Reitstall hatte er die

Macht. Das mußte man ihm zugestehen. Aber seine kleinlichen Rachegelüste als pädagogische Glanzleistung hinzustellen – das sollte er doch vor uns nicht versuchen!
Wir durften dann trotzdem die vier Gruppen anführen. Außer dem Chef und Almi wußte niemand im Stall etwas von unserer Schmach. So war sie leichter zu ertragen.
Um zwölf Uhr waren wir durch. Alle hatten bestanden, einige aber nur, weil die Pferde sich wie die reinsten Engel benahmen.
Bis zur A-Dressur hatten wir noch drei Stunden Zeit. Jenny und ich fuhren mit dem Rad zu uns. Schnell eine Kleinigkeit essen. Umziehen mußten wir uns auch.
Überrascht blieben wir auf der Türschwelle zum Wohnzimmer stehen. Mama hatte den Tisch im Wintergarten festlich gedeckt, mit einer wertvollen, blauen Leinentischdecke, friesischblauen Kerzen und feinem Geschirr. Es sah aus wie Geburtstag und Weihnachten auf einmal.
Papa hantierte an seinem Kassettenrekorder herum, legte eine Kassette ein, schloß zwei Kopfhörer an und sah fröhlicher aus als sonst.
Jenny und ich wechselten verständnislose Blicke.
„Sportlerkost“, lächelte Mama und setzte meine dünnen Lieblingsspaghetti mit einem Riesentopf dampfender Tomatensoße auf den Tisch.
„Was ist los“, wollte ich wissen, „habt ihr Hochzeitstag?“
Papa grinste.
„Besser“, sagte er bedeutungsvoll. „Jedenfalls für euch beide, hoffe ich.“
Das Essen schmeckte wirklich super. Aber richtig genießen konnten Jenny und ich es nicht, solange wir nicht wußten, was die beiden zu verbergen hatten.
Endlich war es soweit. Papa räusperte sich feierlich, als er uns die beiden Kopfhörer reichte.
„Mama und ich haben einen Vorschlag für euch“, erklärte er, „den wir hier auf der Kassette erklären. Ob ihr damit einver-

standen seid, könnt ihr natürlich selbst bestimmen."
Jenny und ich kauerten uns gegenüber in die bequemen Korbsessel und zogen die Beine auf die Sitzfläche. Mann, war das spannend. So ein Gefühl hatte man sicher nach zwei Glas Champagner, dachte ich aufgekratzt. Das war ja aufregender als der Reiterpaß!
Papa schaltete den Recorder ein, und wir lauschten. Es war kein langer Text. Aber es war einer mit einem Inhalt, der einen glatt umhauen kann.
Jenny und ich sahen uns die ganze Zeit an.
Nach zwei Minuten fing Jenny an, nervös auf ihren Handknöcheln zu kauen. Ihre Augen schimmerten feucht.
Liebend gern hätte ich mein Gesicht im Spiegel gesehen. Irgendwie wußte ich, daß es diesen sanften, innigen Ausdruck angenommen hatte, nach dessen Vorbild man in Oberammergau Heiligenfiguren schnitzt.
Klick. Das Gerät schaltete ab. Wir zogen die Kopfhörer von den Ohren und schüttelten unsere Haare zurecht.
„Mensch Papa", sagte ich nur, „Mensch Papa."
In der nächsten Minuten tobte bei uns zu Hause die Hölle.
Meine Eltern waren genauso aus dem Häuschen wie wir. Abwechselnd nahmen sie mich und Jenny in die Arme, und dann uns alle beide. Wir lachten und kicherten und erzählten alle durcheinander.
Jennys Gefühlslage wechselte ständig zwischen Lachen und Weinen. Das war ja auch wirklich kein Wunder, nach dem, was sie gerade erfahren hatte.
Um es kurz zu machen – Mama und Papa hatten zu Recht gemeint, daß Jenny aus ihrer höllischen Familie befreit werden mußte. Zumindest vorübergehend. Bis die sich wieder gefangen hatte. Jenny sollte für das nächste halbe Jahr bei uns einziehen. Danach konnte sie ein Zimmer bei Frau Leonfeld haben, die direkt neben dem Stall wohnte. Und jetzt der absolute Hammer: Das erste Jahr ihrer Pferdewirt-Ausbildung konnte Jenny bei Herrn Renneisen machen.

„Dieser Schuft“, sagte Jenny, aber natürlich meinte sie es nicht so, „und er hat geschwiegen wie ein Grab.“
Der noch größere Hammer: Für das Belohnungsgeld wollten meine Eltern Gamasche kaufen. Jenny brauchte für die Lehrzeit möglichst ein eigenes Pferd. Natürlich sollte meine Gamasche mir gehören und an Jenny irgendwie vermietet werden oder so. Ich verstand das nicht genau. Es ging dabei ums Steuersparen, und davon verstand Papa etwas. Ich schwebte im siebten Himmel. Jenny auch.
Die zweitausend Mark, die von den zehntausend übrig waren, gingen für Tierarzt und Pferdeklinik drauf. Jetzt verstand ich endlich, was Papas rätselhafter Satz am Telefon bedeutet hatte: „Genauer kann es ja wohl nicht passen.“
Fast hätten wir unsere A-Dressur verpaßt. Vor lauter Reden und Planen.
„Nur noch zehn Minuten“, erkannte Mama plötzlich erschreckt bei einem Blick auf die große Standuhr. „Nun aber rein in eure feinen Sachen.“
Rasch rannten wir in mein Zimmer und schlüpften in die weißen Reithosen. Schnell waren die Batistblusen übergesteift. Nun noch die schwarzen Dressurjacken, Leihgaben von Frau Stadelfeld und Frau von Raethfeld. Nach drei Minuten waren wir fertig und polterten die Treppe wieder herunter.
„Schick seht ihr aus, ihr beiden.“
Anerkennend reckte Papa einen Daumen nach oben. Rasch warf er sich eine Jacke über. Mama und er kamen diesmal mit zum Stall, um unseren großen Auftritt nicht zu verpassen.
So groß wurde der Auftritt dann doch nicht. Meine Gedanken kreisten um Gamasche und Jenny. Und natürlich um den Schulrat und sein dummes Gesicht, wenn wir ihn aus Gamasches Box werfen würden.
Ich ritt unkonzentriert und übersah, daß Helena falsch angaloppierte. Erst ganz zum Schluß fiel es mir auf. In letzter Sekunde konnte ich den Fehler noch korrigieren, sonst wäre ich durchgefallen.

Ich bekam die Note 5,0, das reichte gerade so. Jochen und Astrid schafften 5,2, die meisten anderen zwischen 5,2 und 5,8. Jenny bekam 7,6. Damit war sie einsame Spitze und gewann einen Pokal.
Dann erzählte Herr Renneisen vor versammelter Mannschaft, daß Gamasche ab heute Privatpferd sei und mir und Jenny gehörte. Die meisten wußten es ja noch gar nicht, und es brach ein tosender Applaus der Gamasche-Fans los.
„Stark, Karo", schrie einer. Und: „Spitzenmäßig, Jenny", kam es aus einer anderen Ecke. Die Wortfetzen überlappten sich gegenseitig. „Glückwunsch, Gamasche." Dann die Stimme von Frau Leonfeld: „Gut, daß der Schulrat sie nicht kriegt."
Das war das Stichwort. Die Tribüne bog sich unter den Lachsalven.
Aufgebracht blickte Schlumberger sich nach der Ruferin um. Dann stampfte er die Tribüne herunter.
Herr Renneisen legte das Mikrophon auf der Bande ab, kam aus der Halle und öffnete Dr. Schlumberger die Tür zum Reiterstübchen. Sorgfältig zog er sie ins Schloß, nachdem die Masse Schulrat hineingerollt war. Den folgenden Wortwechsel mußte nicht jeder mitbekommen.
„...mit dem Zügel ins Gesicht geschlagen", das konnten wir trotz Herrn Renneisens gedämpfter Stimme verstehen. Also doch! Der Chef hatte unseren Brief ernst genommen. Nach wenigen Minuten waren beide wieder draußen.
Dr. Schlumberger schnaufte wütend und machte, daß er wegkam.
Ich besorgte mir ein Papier, klebte es an die Box von Gamasche und schrieb riesengroß „Meine" darauf. Jeder sollte es wissen. Jawohl.
Nach und nach trollten sich die Besucher.
Langsam konnten wir den Rest dieses verrückten Tages genießen. Was war heute alles passiert!
Wenn es doch immer so schön sein könnte, dachte ich, während ich dabei war, Gamasches Mähne behutsam auszu-

flechten.
Der einzige Wermutstropfen war, daß Jochen übermorgen zum Schüleraustausch nach England fuhr. Allerdings nicht zu Paddington. Ich seufzte tief, stopfte die Mähnengummis in die Tasche und griff zur Bürste, um Gamasches Locken wieder glatt zu kämmen.
Mit solchen Gedanken durfte ich mir jetzt nicht den Abend verderben.
Wir hatten ja noch eine traumhafte Nacht vor uns. Herr Renneisen hatte uns nämlich – oh Wunder – erlaubt, heute im Stall zu schlafen.
Während wir die Pferde putzten und den Stall saubermachten, war er mit Jochen und Almi dabei, drei Boxen auszuräumen. Frisches Stroh kam auf den Boden. Darauf wurden zwölf Luftmatratzen und zwölf Schlafsäcke ausgebreitet.
Für diese eine Nacht mußten Gamasche, Feuerstein und Scheich ausziehen. Herr Renneisen hatte ihnen in der Reithalle drei behelfsmäßige Ersatzboxen eingerichtet. Bis zum späten Abend durften die Heimatlosen aber frei in der Halle herumlaufen.
Die Kochlöffel blieben noch lange und versorgten uns mit heißer Schokolade und überbackenem Baguette. Wir aßen und schwatzten und tranken und schwatzten, bis wir auf unseren Luftmatratzen total eingekrümelt waren.
Gesprächsthema Nr. 1 war natürlich unser gelungener Feldzug gegen den Schulrat, daß Gamasche jetzt mir gehörte, und daß Jenny ihre Horror-Familie los war.
„Stallruhe", rief Herr Renneisen um 22 Uhr.
Erstaunt sahen wir uns um. Schon? Tatsächlich. Die meisten Pferde standen bereits mit gesenkten Köpfen dösend in ihren Boxen.
Satt und glücklich schlüpften wir in unsere Schlafsäcke. Almi, Paul und Jochen bezogen – als einzige Männer – Quartier in der Sattelkammer. Das war der ausdrückliche Wunsch aller Eltern gewesen. Lächerlich. Hatten sie Angst, daß wir uns an

ihnen vergreifen würden?
Rechts und links neben mir hörte ich schon bald regelmäßige Atemzüge. Aber ich konnte nicht schlafen. Nicht nach diesem Tag.
Merkwürdig, wie laut und wichtig sich die vertrauten Stall-Geräusche bei Nacht anhörten. Ich hatte es mir viel ruhiger vorgestellt. Aber ständig schnaubte irgendwo ein Pferd, ein anderes donnerte mit dem Huf gegen die Wand, dann wieder warf sich eins unter lautem Stöhnen hin oder richtete sich prustend und schüttelnd auf. Im Stroh knackte es ständig. Mäuse???
Trotz meines warmen Jogging-Anzugs und obwohl es Anfang August war, fror ich. Ich dachte an die drei Pferde in der Halle. Vor allem natürlich an Gamasche. An meine Gamasche. Ob die drei sich gut verstanden? Man sollte nachsehen.
Leise zog ich den Reißverschluß meines Schlafsacks auf, schlüpfte in Zeitlupe heraus und stieg über die anderen hinweg auf die Stallgasse.
Auf Zehenspitzen schlich ich auf Mamas Bio-Wollsocken zur Reithalle und setzte mich auf die Tribüne. Gamasche, Feuerstein, und Scheich standen ganz ruhig an der gegenüberliegenden Seite.
Dann entdeckte ich vor mir das riesengroße Herz. Mit einem Besenstiel hatte jemand tiefe Furchen in die Sägespäne gemalt. In dem Herz stand unübersehbar: Karo + Jochen = big love.
„Irgendwie witzig, oder?“
Ich zuckte zusammen, als Jochen plötzlich neben mir auftauchte und auf das Herz deutete.
„Naja“, stotterte ich verlegen, „etwas kindisch.”
Hölle, warum konnte ich keinen zusammenhängenden Satz mehr bilden? Er mußte mich für geistig minderbemittelt halten! Wenn ich nur nicht so gefroren hätte!
Jochen hatte wohl gesehen, wie ich zitterte.
Er verschwand und kam mit Gamasches grüner Abschwitz-

decke zurück. „Gamasche forever“ hatte Frau Löwenfeld daraufgestickt. In englischer Schreibschrift.
Jochen legte mir die Decke über und zog sich selber das andere Ende über die Schultern.
Unsere Pferde bemerkten die Unruhe auf der Tribüne sofort. Neugierig kam Gamasche näher.
Ärgerlich beschnupperte sie das Herz in den Sägespänen. Wer wagte es, ihren Lieblings-Wälzplatz zu entweihen? Beleidigt kratzte sie mit dem rechten Vorderhuf auf dem Herzrand herum. Schließlich knickte sie die Beine ein und warf sich entschlossen auf den Hallenboden, um das störende Kunstwerk plattzuwälzen. Als sie prustend wieder aufsprang, war nur noch „love“ übriggeblieben.
„Gamasche wird mir in England wirklich fehlen“, lachte Jochen und schnitt ihr eine Grimasse.
Gamasche kam näher und streckte die Nase über die Brüstung. Mit einer Mischung aus Erstaunen und Unverständnis musterte sie uns. Ich konnte von ihrer Stirn ablesen, was in ihr vorging: Die zwei Lebewesen, die unter ihrer persönlichen Decke hockten, wurden gerade von einem schweren Anfall von Dummkoller heimgesucht.
Gamasche drehte sich um und trottete zu Feuerstein und Scheich zurück, um ihnen von ihrer Entdeckung zu berichten.
„Möglicherweise“, sagte Jochen plötzlich ohne mich anzusehen, „möglicherweise werde ich dich vermissen.“
Was hatte er gesagt? In meinem Kopf drehte sich plötzlich alles. Und wie mein Herz raste!
Himmel! So fühlte man sich sicher, wenn man einen Heiratsantrag bekam!!!
Er würde mich vermissen. Möglicherweise würde er mich vermissen! Jochen, mein Traumprinz! Was sollte ich darauf antworten? Er würde mich möglicherweise vermissen. Wie einen Schokoriegel ließ ich seine Worte noch einmal auf der Zunge zergehen.
Nach einer Weile tippte Jochen fragend mit seinem Fuß gegen

mein Schienbein.
„Du mich auch?“ Seine Stimme klang ein bißchen unsicher.
„Möglicherweise ...“, antwortete ich.
Ich fürchte, es klang nicht ganz so cool, wie es klingen sollte.

Das witzigste Pferdebuch des Jahres

Willi, frustrierter Gesamtschullehrer aus Hamburg, wäre samt Gattin Daphne keine Zeile wert, wenn der irre Traber nicht ausgerechnet an seine Haustür geklopft hätte. Weil der Hengst aber gentechnisch manipuliert ist und deshalb sprechen kann, weil er außerdem Mozart liebt, gelegentlich Goethe zitiert und per Heiratsanzeige eine Gespielin sucht, wird er zum Titelhelden des Buchs „Traber, 8½, jünger aussehend, sucht aus Mangel an Gelegenheit..."

Margot Bergers Kurzroman für Erwachsene sprüht vor knochentrockenem Witz und schräger Komik. Der Traber geht über 100 Seiten lang seiner Wahlfamilie ans Herz, an die Nieren und an den Kühlschrank. Wer dieses Buch liest, wird süchtig nach dem literarischen Traber-Irrsinn und Zeile für Zeile den geistreichen Unsinn der bekannten Erfolgsautorin aus Hamburg genießen.